ISSN 0044-3409 Band 187 (1979) Heft 2

Zeitschrift für Psychologie

mit Zeitschrift für angewandte Psychologie

Z. Psychol.

EVP 12,50 M je Heft

JOHANN AMBROSIUS BARTH LEIPZIG

INHALT

Manuskripte für Originalabhandlungen und Referate werden an Dr. J. Mehl, Sektion Psychologie der Humboldt-Universität, DDR – 102 Berlin, Oranienburger Str. 18, erbeten. Für diese Zeitschrift werden grundsätzlich nur Arbeiten angenommen, die vorher weder im Inland noch im Ausland veröffentlicht worden sind. Das Manuskript ist satzfertig einzusenden, damit das Lesen der Korrektur bei Zeitmangel von der Redaktion veranlaßt werden kann. Jede Abhandlung ist mit einer kurzen Zusammenfassung in 3facher Anfertigung für die Übersetzung in russischer und englischer Sprache abzuschließen. Hinweise für Manuskriptgestaltung (S. 259/260) beachten. Mit der Annahme des Manuskriptes und seiner Veröffentlichung geht das alleinige Recht der Vervielfältigung, Verbreitung und Übersetzung auf den Verlag über. Von Originalarbeiten liefert der Verlag an Stelle eines Honorars 50 Sonderdrucke. Buchbesprechungen werden nicht vergütet, dafür wird das Besprechungsexemplar Eigentum des Referenten. Der *Bezugspreis* beträgt für den Band mit 4 Heften 50,– M zuzüglich Postgebühren. Auslandspreise sind den Zeitschriftenkatalogen des Außenhandelsbetriebes Buchexport zu entnehmen. *Bestellungen* nehmen entgegen: In der DDR der Postzeitungsvertrieb und der Verlag Johann Ambrosius Barth. In den sozialistischen Ländern der zuständige Postzeitungsvertrieb, in der BRD/Berlin (West) die Firma Zeitungsvertrieb Gebr. Petermann, Kurfürstenstr. 111, D – 1000 Berlin (West) 30, und der örtliche Buch- und Zeitschriftenhandel. In allen anderen Staaten der örtliche Buch- und Zeitschriftenhandel. Bestellungen des Buch- und Zeitschriftenhandels sind zu richten an Buchexport Volkseigener Außenhandelsbetrieb der DDR, DDR – 701 Leipzig, Leninstr. 16, Postfach 160. Die Lieferung erfolgt regelmäßig bis zur Abbestellung, die für das Ende des Jahres erfolgen muß, so daß sie zu dem gewünschten Termin noch berücksichtigt werden kann.

Adresse des Verlages: Johann Ambrosius Barth, DDR – 701 Leipzig, Salomonstr. 18b, Postfach 109, Ruf 29 52 45.

Anzeigen werden erbeten für Inland an: DEWAG LEIPZIG, DDR – 705 Leipzig, Oststr. 105, Ruf 7 97 43 03; für Ausland an: Interwerbung GmbH – Gesellschaft für Werbung und Auslandsmessen der DDR, DDR – 1157 Berlin-Karlshorst, Hermann-Duncker-Str. 89, Ruf 5 09 09 81. Für die Anzeigenpreise gelten die Festlegungen gemäß Preiskatalog Nr. 286/1 vom 1. 7. 1975.

Wichtiger Hinweis für unsere Bezieher außerhalb der DDR. Bitte denken Sie daran, rechtzeitig Ihre Abonnementbestellung für 1980 bei Ihrem Buchhändler zu erneuern.

ZEITSCHRIFT FÜR PSYCHOLOGIE
Band 187, 1979 Heft 2
mit Zeitschrift für angewandte Psychologie Band 93

Aus dem Lehrbereich Psychologie der Sektion Arbeitswissenschaften der Technischen Universität Dresden

Beschaffenheit und Wirkungsweise mentaler Repräsentationen in der Handlungsregulation[1]

Von W. HACKER und BÄRBEL MATERN

Mit 8 Abbildungen

1. Anliegen

In den letzten Jahren hat sich die Forschung zunehmend mentalen Repräsentationen der Umwelt zugewandt. Uns beschäftigt ein in diesem Zusammenhang vernachlässigtes Problem, nämlich die Funktion von mentalen Repräsentationen (m. R.). Wir bemühen uns damit, dort weiter zu fragen, wo das Interesse der kognitiven Psychologie endet. Die kognitive Psychologie „folgt der Stimulusinformation einwärts von den Sinnesorganen, durch viele Transformationen und Rekonstruktionen bis hin zu dem nachfolgenden Gebrauch in Erinnerungen und Gedanken" [15]. Uns interessiert besonders der weitere Weg von den m. R. zum Handeln in der Umwelt und von diesem zurück zu kognitiven Prozessen und zu den von ihnen aufgebauten oder veränderten m. R. Kurz: Uns interessiert vorzugsweise die tätigkeitsregulierende Funktion relativ beständiger m. R.

Dabei geht es um zwei zusammenhängende Problemkreise in der Wechselwirkung der orientierenden einschließlich aktivierenden und der regulierenden Leistungen des Psychischen:

- Auf welche Weise regulieren m. R. Handlungen?
- Haben m. R. Eigenschaften, die nicht aus der orientierenden Funktion allein, sondern aus der regulierenden und damit aus dem Auftrag und seinen Erfüllungsbedingungen erklärbar sind?

Obgleich diese Fragen im Rahmen des praktischen Anliegens der Produktivi-

[1] Vortrag, gehalten anläßlich der Gründung des Rates für Psychologie beim Ministerium für Hoch- und Fachschulwesen der DDR 1977 in Dresden.

tätssteigerung und Beanspruchungsoptimierung im Arbeitsprozeß entstanden, berühren sie theoretische Fragen. Welche?

1. Eine grundlegende Eigenschaft der menschlichen Tätigkeit ist das Voraussagen des künftigen Resultats vor Tätigkeitsbeginn, welches alle Tätigkeitsabschnitte und damit die Effektivität und Zuverlässigkeit bestimmt [11]. Von den dabei wirksamen Vorgängen und Mechanismen ist noch wenig bekannt. Der häufig zitierte Ansatz von MILLER, GALANTER und PRIBRAM [14], der seine Wurzeln bei VON HELMHOLTZ hat, hat sich seit 20 Jahren nur wenig weiterentwickelt. Zwar wurde die Gegenüberstellung von m. R. und Handlungsprogrammen als unhaltbar erkannt, zwar wird gesehen, daß Abbildänderungen der umweltverändernden Tätigkeit vorausgehen, zwar ist die ausschlaggebende Rolle der Sprache in der Programmrepräsentation diskutiert, die Beteiligung der Präfrontalregion des Kortex in der Handlungsregulation erwiesen und eine Aktivierungskomponente in Programmen gesichert, aber Einsichten in die psychologischen Vorgänge sind noch spärlich.

2. Das Verhältnis der orientierenden und regulierenden Funktion kognitiver Prozesse wurde von LEONTJEW unter dem Aspekt der Beziehungen von Orientierungs- und Signalfunktion diskutiert. Er unterscheidet dabei zwischen den Abbildern des Wesens von Objekten, denen ein spezielles intern nachbildendes System gnostischer Operationen und Bewegungen zugrunde liege, und der bedingt-reflektorischen Signalwirkung, die dem bedingt-reflektorischen Mechanismus folge [10].

Unbeschadet von Fortschritten im Detail steht das grundsätzliche Problem aber noch im Zentrum des Fragens: ob nämlich die orientierenden und regulierenden Abbildungsprozesse von gleichen Gegenständen sich unterscheiden und welche psychophysiologischen Mechanismen dies gegebenenfalls bewirken.

Regulierende Abbildungen und Repräsentationen sind aufgabenabhängig.

So hat W. QUAAS [22] systematische Veränderungen des subjektiven Größeneindrucks von Objekten mit der Aufgabe, z. B. dem Klassifizieren vs. Identifizieren vs. Auswählen der Klassenvertreter, gezeigt.

Der Vorteil aufgabenabhängiger m. R. besteht im Einsparen kognitiver Transformationen in eine unmittelbar tätigkeitsregulierende Form.

Andererseits ist schwer vorstellbar, daß für gleiche Objekte so viele m. R. wie denkbare Aufgaben an ihnen vorliegen. Demzufolge wäre eine Aufgaben*un*abhängigkeit der m. R. vernünftig.

Eine denkbare Verbindung beider Prinzipien, nämlich hierarchisch organisierter m. R. über gleiche Objekte auf mehreren Abstraktionsebenen bei gleichzeitigem Verfügen über Erzeugungsregeln anstatt einfacher Objekt- bzw. Aufgabenspeicherung hat Grenzen: Erzeugungsregeln reduzieren die erforderlichen Items im Langzeitgedächtnis. Im Maße dieser Reduktion steigt aber der Erzeugungsaufwand, also auch die Belastung des Kurzzeitgedächtnisses. Diese aber ist wegen ihrer Bewußtheit noch kritischer als die Langzeitgedächtnisbelastung [6, 28].

Damit ist zu erwarten, daß ein Kompromiß zwischen den beiden kommunizierenden Minimierungsmöglichkeiten von psychophysischem Aufwand vorliegt – also zwischen Reduktion von Transformationsaufwand und Reduktion von Langzeitgedächtnisbelastung. Das aber hieße, daß Mischstrategien zwischen Erzeugen und Behalten und den ihnen entsprechenden m. R. zu erwarten sein müßten.

Endgültige Antworten fehlen noch, nicht zuletzt weil eine Voraussetzung, nämlich eine Aufgabentaxonomie, nicht vorhanden ist.

2. Was ist der aktuelle Problemstand bezüglich der Eigenschaften tätigkeitsleitender m. R.?

1. Zwei Grundformen der kognitiven Regulation von Tätigkeiten sind zu unterscheiden: die Regulation aufgrund aktueller Informationsaufnahme und -verarbeitung und die Regulation auf der Grundlage mnestisch stabilisierter m. R. Im ersten Falle dominiert anfallsweises, im zweiten vorausschauendes Regulieren. Dieses wird erreicht dadurch, daß entweder der Mensch den Zeitpunkt und die Art von Tätigkeiten selbst nach mnestisch fixierten m. R. herbeiführt oder durch den Erwerb von m. R. über nicht beeinflußbare aber vorhersehbare Ereignisse zur antizipatorischen Beantwortung übergeht. Der Aufbau stabiler m. R. ist in beiden Fällen erforderlich und leistungsbestimmend.

Dieser Einfluß auf Leistung und Beanspruchung kann u. a. aus dem Modell von POULTON und BROADBENT [21] über kognitive Verarbeitungsvorgänge in hoch geübten Tätigkeiten abgeleitet werden: Danach werden durch Lernen m. R. aufgebaut, welche die Regulation übernehmen und vorher erforderliche Aufnahme- und Verarbeitungsvorgänge erübrigen. Einzelheiten über Beschaffenheit und Wirkungsweise sind ungeklärt: Was ist der Inhalt der m. R.? Welche kognitiven Prozesse werden eingespart? Wir kommen darauf zurück.

2. Tätigkeitsregulierende m. R. wirken in unterschiedlicher interner Kodierung Nachgewiesen sind

- bildhaft-anschauliche Kodierungen unterschiedlicher Modalität,
- begriffliche Kodierungen,
- perzeptive plus begriffliche, sogenannte Doppelkodierungen im Sinne von PAIVIO [19],
- kinästhetische Kodes.

Gleiche Sachverhalte können aufgabenbedingt gleichzeitig in relativ getrennt wirkenden Repräsentationsformen vorliegen (multiple Kodierung [20, 9]). Differentialpsychologische Kodeprävalenzen von pädagogischer Bedeutung sind bekannt [27].

Beziehungen dieser verschiedenen Kodierungen zu den Funktionen von m. R. in der Tätigkeitsregulation sind u. W. nicht geprüft. Somit ist auch nicht zu entscheiden, ob und welche Konsequenzen für das Lehren regulativer m. R. und für das Gestalten von Informationsangeboten zu ziehen sind.

3. Das gilt auch für den Versuch einer Erklärung der Wirkungsunterschiede von

m. R., die über verschiedene interne Kodierungen hinausgehen und von m. R. und Operationen auf qualitativ unterschiedlichen Verarbeitungsebenen sprechen [31, 16, 24]. Für die Arbeitspsychologie wurde dabei nahegelegt, daß nicht einzelne m. R. eines Objekts, sondern Repräsentationssysteme mit verschiedenen Ebenen der Globalität und Abstraktheit wirken [18, 23]. Der Wechsel zwischen m. R. und den zugehörigen Strategien in Abhängigkeit vom subjektiven Aufgabenverständnis und subjektiv vorwiegenden Leistungskriterien gilt soweit als gesichert, daß heute von Konstrukteuren gefordert wird, bei der Gestaltung von Mensch-Maschine-Systemen den aufgabenabhängigen Wechsel zwischen m. R. und den zugehörigen Strategien zu berücksichtigen. Die zur Erklärung von Befunden benötigten Ebenen der Tätigkeitsregulation sind sowohl durch unterschiedliche m. R. (z. B. kinästhetische Abbilder vs. Abstraktionsregeln) als auch durch verschiedene Programme (z. B. Bewegungsentwürfe vs. Pläne) gekennzeichnet.

4. Zu erfüllende Aufträge und dabei zu berücksichtigende Bedingungen können als verschiedene Aufgaben aufgefaßt werden und dabei zu unterschiedlichen m. R. führen. Der gleiche Auftrag kann abgebildet werden als Klassifikationsaufgabe oder als Regel- bzw. Funktionsanwendungsaufgabe oder als Zuordnungsaufgabe. Im Zusammenhang der neuen Formen der Arbeitsgestaltung unter Nutzung von Handlungsspielraum [32] ist dieser Sachverhalt als die Redefinition von Aufträgen bekannt. Für das Problemlösen hat Sydow [30] seine Wirkungsformen untersucht.

Möglicherweise liegt eine Kette von Beziehungen mit folgenden Gliedern vor: Ein Auftrag kann zu verschiedenen Aufgaben führen. Eine Aufgabe kann mit unterschiedlichen Abbildungen der Ausführungsbedingungen verknüpft sein. Unterschiedliche Abbildungen der Ausführungsbedingungen von Aufgaben können unterschiedliche Vorgehensweisen bedingen. Unterschiedliche Vorgehensweisen können verschiedene Leistungen und Beanspruchungen zur Folge haben.

5. Es gibt Hinweise auf ein Kriterium für die Strategienwahl, das vorläufig umschreibbar ist als „Kriterium der Aufwandsminimierung bei Sicherung der Auftragserfüllung“ (vgl. [1]). Demnach müßten regulative m. R. Eigenschaften haben, die das Entwickeln aufwandsgünstiger Strategien zulassen. Das wiederum könnte bedeuten, daß langzeitig behaltensgünstige m. R. nicht in jedem Falle identisch sind mit regulativ aufwandsgünstigen.

3. Ergebnisse

3.1. Zum Problem des Inhalts mentaler Repräsentationen: Was wird abgebildet, und welche kognitiven Prozesse werden eingespart?

Worin besteht das Problem? Es konkurrieren 3 Möglichkeiten:

1. Die m. R. bilden das vorgefundene Informationsangebot unverändert ab. Eingespart werden Transformationen zwischen Angebot und m. R.

2. Die m. R. bilden hinausgehend über das Informationsangebot durch Ausnutzung von Rückkopplungen aus der Tätigkeit die Information ab, die für eine zweck-

mäßige Regulation erforderlich ist [31]. Eingespart werden Transformationen zwischen m. R. und der Information, die in der erwarteten Antwort umgesetzt wird, sowie darüber hinaus eine Informationssuche während der Antwort.

3. Die m. R. bilden des Informationsangebot rekodiert in einem gedächtnisspezifischen Kode ab. Untersuchungen des inneren Wiederholens beim Kurzzeitbehalten könnten eine verboakustische Kodierung erwarten lassen [17, 11]. Vereinfacht würde hierbei die aktuelle Informationssuche während der Antwort.
Offen ist weiter, ob man das im POULTON-BROADBENT-Modell unterstellte Entfallen kognitiver Prozesse durch den Aufbau von m. R. mit seinen Konsequenzen für Leistung und Beanspruchung nachweisen kann. Untersuchungen bei Montagetätigkeiten (zur Methodik vgl. [2,8]) lassen folgende Schlußfolgerungen zu:

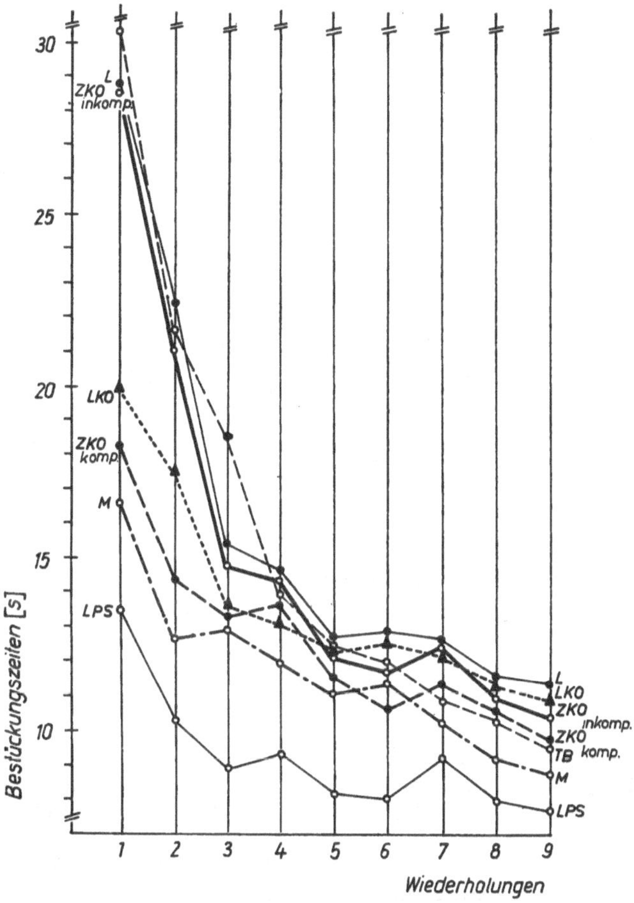

Abb. 1. Bestückungszeiten in Abhängigkeit von Wiederholungen und Vorgaben der benötigten Information bei einer Montagetätigkeit. – Beim Wiederholen der gleichen Tätigkeit mit Hilfe verschiedener Vorgabeformen der benötigten Information (Tonband TB, Liste L, Zeichnung Z – mit kompatibler $ZKO_{komp.}$ und inkompatibler Koordinatenangabe $ZKO_{inkomp.}$ – Modell M, fertiges Produkt LPS) nähern sich die erforderlichen Zeiten zunehmend dem Zeitbedarf bei antwortkompatibler Vorgabe (fertiges Produkt LPS) an

1. Die entstehenden m. R. entsprechen Erfordernissen der Antwortorganisation, nicht kurzerhand dem Datenangebot oder lediglich einem behaltensgünstigen Kode. Daher entstehen trotz verschiedener Vorgaben für gleichartige Antworten nicht nur zunehmend ähnlich wirksame, sondern auch zunehmend ähnlich beschaffene m. R. Auch Repräsentationen, welche die benötigte Information bereits enthalten, werden in die für die Regulation zweckmäßige Form transformiert.

Einer der Belege hierfür ist die Annäherung des Zeitverbrauchs als eines Indikators für die ablaufenden kognitiven Operationen trotz unterschiedlicher Vorgabe der benötigten Information [2].

2. Die Leistungsverbesserungen durch das Entwickeln von m. R. sind erklärbar durch das Einsparen von informationsaufnehmenden und -umwandelnden Operationen. Daher steigt der Nutzen von m. R. mit dem Umfang der Prozesse, die eingespart werden können. Dieser objektiven Vereinfachung der psychischen Struktur der Tätigkeit entspricht die nachgewiesene Verringerung der erlebten Schwierigkeit.

Zum Beleg zeigt Abbildung 2 die strenge Korrelation zwischen der Größe des Lernfortschritts und der Anzahl reduzierbarer kognitiver Operationen [2].

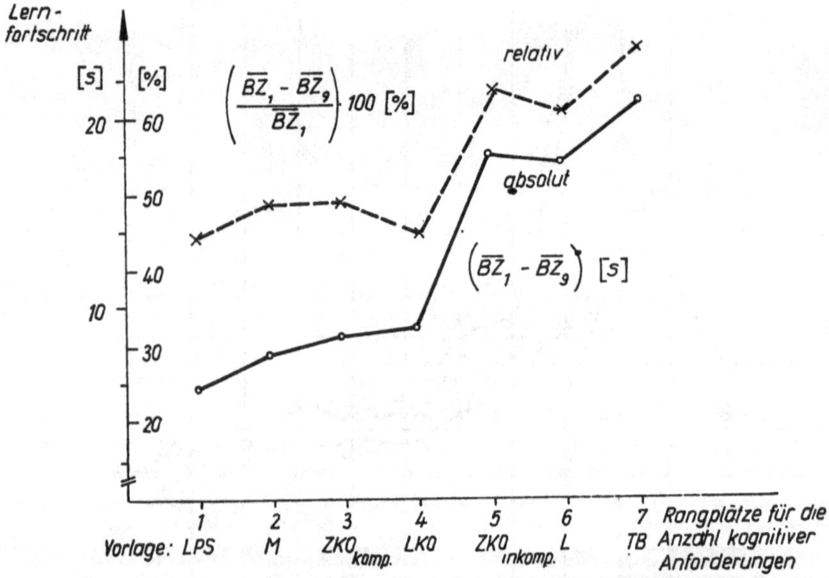

Abb. 2. Beziehung zwischen Lernfortschritt und erforderlicher Anzahl kognitiver Elementaroperationen (BZ ... mittlere Bestückungszeiten, Vorlagen wie in Abbildung 1)

3. Für die Ersparnis kognitiver Operationen schienen eingangs verschiedene Ansatzpunkte möglich. Die bisherigen Ergebnisse besagen hierzu, daß die Informationssuche während der Antwort und Rekodierungen zwischen gespeicherter und in der Antwortorganisation umgesetzter Information eingespart werden.

3.2. Zum Problem der Aufgabenredefinition: Die Struktur mentaler Repräsentationen

Worin besteht das Problem? Ein objektiver Auftrag kann subjektiv in Form verschiedener Aufgaben übernommen werden. Dabei liegen entweder vor
- unterschiedliche Aufgabenklassen (z. B. Regelnutzung vs. Klassifizierung vs. Auswendiglernen) oder
- gleiche Aufgabenklassen, jedoch mit unterschiedlichen Leistungskriterien [25].

Wir fragen, ob bei verschiedenen Aufgabenklassen tatsächlich verschieden strukturierte m. R. der Tätigkeitsresultate und der Ausführungsbedingungen vorliegen.

Einige Resultate:

Bei einer streng nach hierarchischen Regeln aufgebauten Tätigkeit, die Montageanforderungen modelliert, wurde gezeigt, daß alle Probanden m. R. aufbauen, die das Erfüllen des Auftrags ermöglichen. Jedoch sind diese m. R. von verschiedener Art. Wir fanden [3]:
- unvermitteltes Behalten der Einzelitems
- Erzeugen der Itemsequenz durch Regelnutzung
- Kombination von Einheiten-(chunk-)bildung und Erzeugen der Abfolge nach Regeln
- Kombination von unvermitteltem Behalten und Erzeugen

Beim Erlernen mathematischer Funktionen, welche die Beziehungen zwischen den Parametern technologischer Prozesse und den erforderlichen Eingriffen beschreiben, wurden analoge Resultate erzielt. Dabei wurden Anforderungen bei der Regulation technologischer Prozesse simuliert [12, 7].

Die Ableitung der Antwortgrößen aus einem gleichzeitigen Angebot von mehreren Signalen, wie in Abbildung 3 veranschaulicht, erfolgt als
- Regelsuche und -anwendung als einer Form des Problemlösens oder
- Klassifizieren oder
- Merken von Zuordnungsmustern als Schätzhilfen für die Ableitung des erforderlichen Eingriffs in den technologischen Prozeß.

Bei der Untersuchung zum Klassifizieren mehrdimensional variierender Objekte,

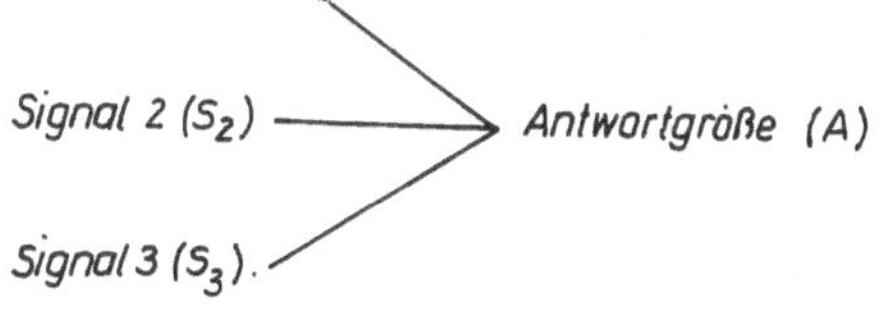

die zu einander überschneidenden Klassen gehören, verwenden Versuchspersonen bedingungsabhängig folgende verschiedenen m. R. [4]:
– Prototypen als Mittelungsergebnisse aller Klasseneigenschaften oder
– auffallende Einzelobjekte oder
– Kombinationen, bei denen Zuordnung anhand auffallender Einzelobjekte an Klasseneigenschaften korrigiert werden

In jedem Falle wird hierbei klassifiziert, die verwendeten m. R. sind aber zufolge verschiedener subjektiver Aufgabenübersetzungen in Form unterschiedlicher Merkmalswahl verschieden.

Damit drängt sich die Frage auf, *wovon abhängt*, welche Redefinition von Aufträgen gewählt wird, welche Struktur demzufolge die entwickelten m. R. haben. Wir gingen dieser Frage u. a. am Beispiel des Erlernens mathematischer Funktionen nach [12, 7, 13]. Untersucht wurden dazu als unabhängige Variable unterschiedlich schwierige (lineare vs. nichtlineare) Signal-Eingriffs-Funktionen sowie unterschiedliche (nämlich bildhaft analoge vs. digitale) Darbietungsformen der visuellen Signale (zur Methodik vgl. [12]).

Einige Ergebnisse

Es bestehen signifikante Zusammenhänge zwischen der Vorgehensweise der Probanden und der erschließbaren Struktur ihrer m. R. mit
– einer verschiedenen Einweisung in die Aufgabe (Abb. 4) sowie
– analoger oder digitaler Darbietungsform (Abb. 5)

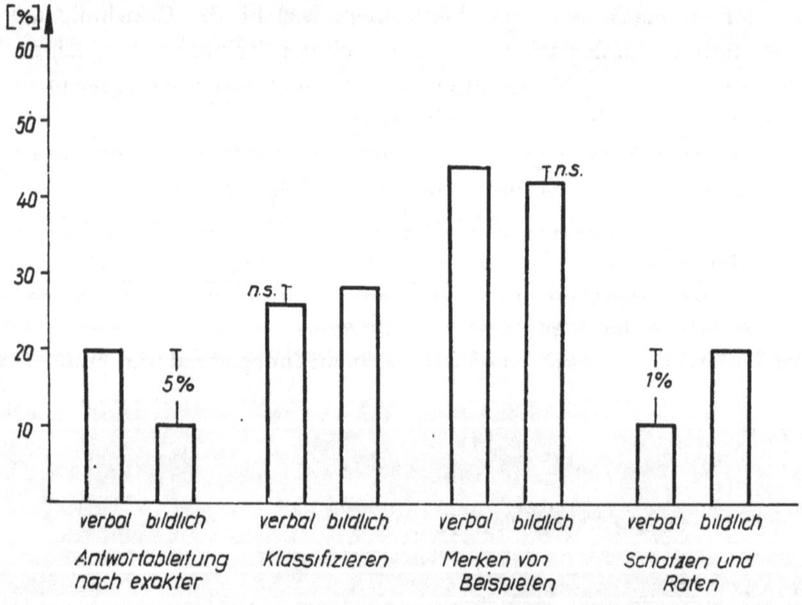

Abb. 4. Anteile der Vorgehensweisen bei Aufgaben der Ableitung einer Antwortgröße aus einem multiplen Signalangebot in Abhängigkeit von der Art der Einweisung in die Aufgabe (Vorgabe verbaler Regeln vs Vorgabe bildlicher Schemata)

Die durch die Einweisung und die Darbietungsform variierten kognitiven Anforderungen bestimmen die Art der Redefinition des Auftrags mit.

In noch stärkerem Maße erwies sich in diesen Untersuchungen die Art der Redefinition der Aufgabe als abhängig vom Aufwand. Die oben angeführten Hinweise auf das Kriterium der Aufwandsminimierung bei Sicherung der Auftragserfüllung fanden Bestätigung. An den folgenden Parametern ist dies ablesbar:

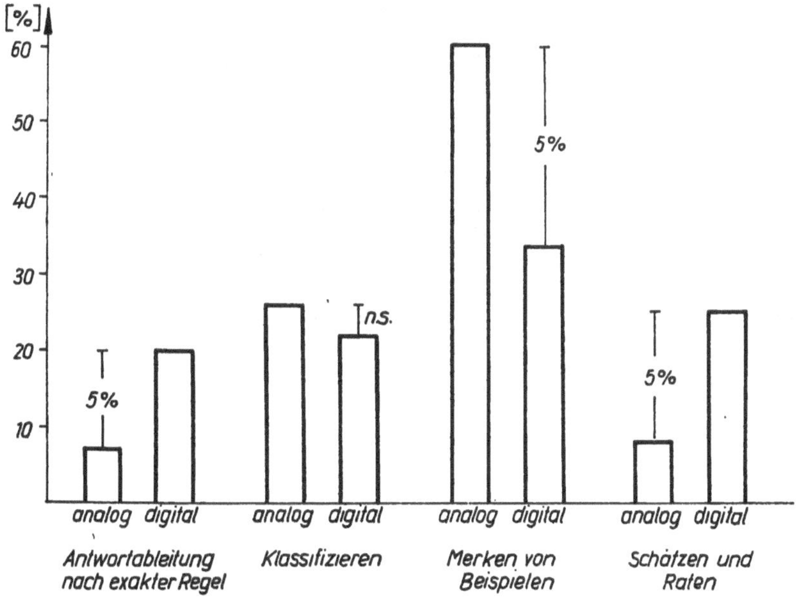

Abb. 5. Anteile der Vorgehensweisen bei Aufgaben der Ableitung einer Antwortgröße aus einem multiplen Signalangebot in Abhängigkeit vom Kode der Signaldarbietung und Antwortrückmeldung (analog vs digital)

1. Vorgehensweisen, die die meisten kognitiven Operationen erfordern, nämlich die Anwendung der Regel, die den Funktionszusammenhang vollständig beschreibt, sind selten. Sie kommen je nach Aufgabebedingung nur in 7 bis 20% der Fälle vor. Häufiger genutzte Vorgehensweisen erfordern weniger kognitive Operationen.

2. In Untersuchungen, in denen den Vpn die genaue Regel für die Antwortableitung vorgegeben und ihre Anwendung gefordert wurde, zeigte sich, daß je nach Aufgabenbedingungen und Schwierigkeit der Funktion 20 bis 90% der Vpn die Regelnutzung aufgaben und zu weniger kognitiven Operationen erfordernden Näherungsverfahren übergingen. Solche Näherungsverfahren wurden als weniger belastend erlebt (Abb. 6).

3. Die Regelnutzung bereitet auch bei genauer Regelkenntnis Schwierigkeiten. Sie erfordert eine Einarbeitungsphase und es ist zu beobachten, daß nach längerer perfekter Regelanwendung wieder Fehler, z. T. sogar grobe Fehler auftreten. Die Abbildung 7 verdeutlicht das anhand der Darstellung einiger Leistungsverläufe.

Man erkennt, daß ein oder mehrere fehlerfreie Durchgänge gefolgt werden von fehlerhaften Antwortableitungen. Die Fehler resultieren nicht daraus, daß die Regel vergessen wurde, sondern daraus, daß ihre Anwendung mißlang. Die Vpn führten die in der Regel vorgeschriebenen kognitiven Operationen falsch aus oder

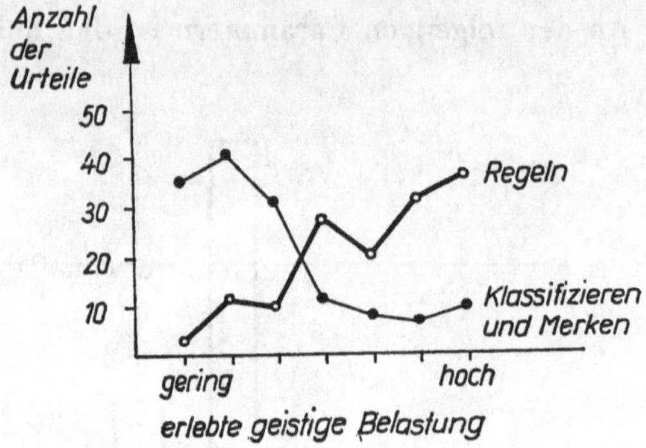

Abb. 6. Erlebte geistige Belastung bei der Ableitung einer Antwortgröße aus einem multiplen Signalangebot durch die Nutzung von Regeln vs auf der Grundlage von Klassifizieren und Merken von Beispielen

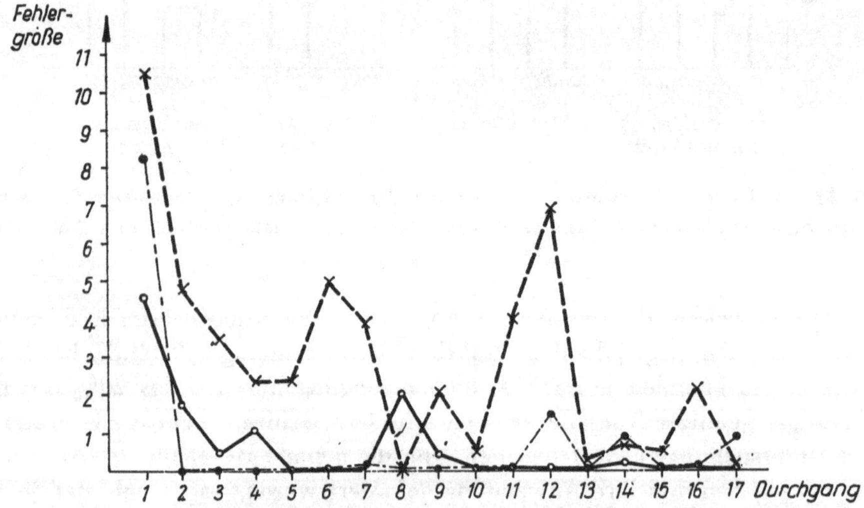

Abb. 7. Beispiele von Leistungsverläufen einzelner Vpn, die zur Ableitung einer Antwortgröße aus einem multiplen Signalangebot die vorgegebene Regel nutzen (Die pro Durchgang eingezeichneten Werte kennzeichnen Mittelwerte aus 10 Antwortableitungen)

Zwischenergebnisse gingen verloren. Der Umfang kurzfristiger Behaltensleistungen und notwendiger kognitiver Operationen ist schon bei linear negativen Funktionen, wenn mehrere Signale eingehen, und erst recht bei nicht linearen Funktionen so groß, daß Grenzen menschlicher Verarbeitungskapazität erreicht oder überschritten sind. Diese sind entsprechend Befunden von Posner [20] größenordnungsmäßig bei gleichzeitigem Operieren mit 3 bis 4 unabhängigen Variablen zu veranschlagen.

Diese nahe oder oberhalb der Kapazitätsgrenze liegende Beanspruchung dürfte als Ursache für die Anwendungsprobleme komplizierter Regeln und als Anlaß von Aufgabenredefinitionen, die zu weniger aufwendigen Strategien führen, anzunehmen sein.

3.3. Zur Kodierung mentaler Repräsentationen

Für das Funktionslernen wurde gezeigt [12], daß die m. R. objektiv identischer Signal-Eingriffs-Beziehungen in zwei Grundformen mit mehreren Unterarten auftreten. Ermittelt wurden:

– Verbalisierte begriffliche Pepräsentationen als Zahlenbegriffe oder als Begriffe von Größenklassen oder als mathematische Verknüpfungsregeln
– Mehrfach kodierte Repräsentationen, wobei neben anschaulichen Repräsentationen gleichzeitig verschieden verbalisierte begriffliche Repräsentationen genutzt werden

Wovon sind diese Kodierungsunterschiede abhängig?
Als eine wesentliche Bedingung für die entstehende Kodierung konnte die Modalität der Information über den Auftrag nachgewiesen werden. Begriffliche Vorgabe bedingt überwiegend verbalisierte begriffliche m. R., bildliche Vorgabe dagegen vorzugsweise doppelt kodierte m. R. (Abb. 8).

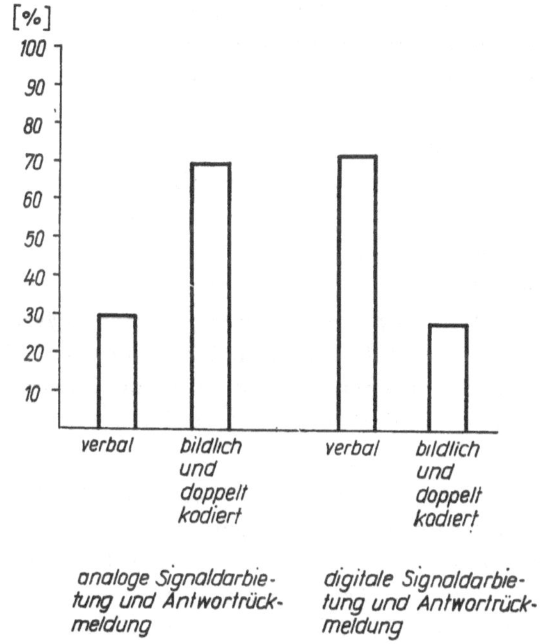

Abb. 8. Abhängigkeit der entstehenden internen Kodierung von der Modalität der Signaldarbietung und Antwortrückmeldung

Wechselwirkungen der Kodierung mit der Art der oben besprochenen Rekodierung der Aufträge liegen vor.

Die unterschiedliche Kodierung von m. R. wird dadurch bedeutsam, daß sie in Zusammenhang zu stehen scheint mit der Ebene der kognitiven Verarbeitungsoperationen. Doppelt kodierte m. R. gehen fast ausschließlich mit einer Verarbeitung auf sensorischem Niveau einher. Begriffliche m. R. sind dagegen mit Verarbeitungsvorgängen auf verbalisierter begrifflicher Ebene verbunden.

Vergleichbare Resultate wurden beim Klassifizieren und bei simulierten Montagetätigkeiten erzielt. Bei Montagetätigkeiten werden die Aufträge und ihre Ausführungsbedingungen entweder anschaulich oder begrifflich oder – und dies vorzugsweise – sowohl anschaulich als auch begrifflich kodiert [8]. Noch weiter zu verfolgen sind erste Hinweise darauf, daß die Doppelkodierung hinsichtlich Leistungshöhe und erlebter Beanspruchung anderen Kodierungsformen überlegen ist. Gesichert scheint zunächst, daß eine subjektive Rekodierung erfolgt, die sowohl signifikante Abhängigkeiten von Eigenschaften des Auftrags aufweist als auch ein Vorherrschen doppelter, anschaulicher plus begrifflicher Repräsentationen erkennen läßt.

3.4. Welche Erklärungsansätze für die Redefinition eines Auftrags und die Rekodierung von Eingangsinformationen werden gesehen?

Erklärungsversuche können an einer auffallenden Gemeinsamkeit der Umwandlungen anknüpfen. Die bisher bekannten Redefinitionen und Rekodierungen führen nämlich zu Verarbeitungsvorgängen, die keine reinen Strategien darstellen, sondern Mischungen verschiedener Vorgehensweisen bilden. Zur Verdeutlichung: Der größere Teil der Probanden wendet bei streng nach Regeln erzeugten Aufträgen, auch wenn alle Regeln erkannt wurden, nicht nur diese Regeln an, sondern nutzt gleichzeitig mechanisches Behalten von Reizkonfigurationen [2]. Der überwiegende Teil der Probanden kombiniert beim Funktionslernen globale Regeln mit der Nutzung ausgewählter eingeprägter Zuordnungsmuster [12]. Beim Klassifizieren in einander überschneidende Klassen werden keineswegs nur Prototypen als optimale Klassenrepräsentanten zugrunde gelegt, sondern Zuordnungen zu auffälligen Objekten mit der Korrektur an Klasseneigenschaften kombiniert [4].

Diese Tendenz zu Mischstrategien gilt sowohl für die Funktionsnutzung wie das Einsetzen von Hierarchien logischer Regeln als auch für das mehrdimensionale Klassifizieren.

Wenn sich diese Ergebnisse weiterhin bestätigen lassen, liegt es nahe, nach den Vorteilen derartiger Mischstrategien zu fragen. Nach bisherigem Wissen bestehen mögliche Vorteile gerade darin, daß bestimmte Mischstrategien ermöglichen, Aufträge gleichzeitig mit minimaler Beanspruchung des Kurzzeitbehaltens [1, 29, 5, 6] und mit minimalen kognitiven Transformationsoperationen sowie bei Berücksichtigung niedriger Langzeitgedächtnisanforderungen zu erfüllen [12, 3]. Es ist nahegelegt, daß zum Aufbau derart aufwandsgünstiger m. R. und Strategien verschiedene kontextabhängige Prinzipien genutzt werden. In den angeführten Untersuchungen zum Regel- und Funktionserwerb wurden folgende Prinzipien festgestellt:

- Kombination von Erzeugen und Behalten von Itemabfolgen
- Umwandeln des Erzeugens so, daß möglichst einfache Regeln angewendet werden können (Umwandeln linear negativer in linear positive Funktionen zwischen Signal und Antwort; Umwandeln von Umkehroperationen in Wiederholungen beim Erzeugen von Sequenzen mit hierarchischer Tiefenstruktur)
- Umformen des Behaltens zahlreicher Einzelitems durch Gruppierungen zu einem Konfigurationsbehalten
- Umformen der Beziehungen zwischen verschiedenen Teilen oder Ebenen eines Auftrags in einfache Relationen (z. B. Umformen hierarchischer Beziehungen zwischen Teilaufgaben in lineare).

Damit wird die Kodierung von Elementen und Transformationen in abgestimmter Weise so minimiert, wie SYDOW [30] dies für Optimierungsvorgänge fordert.

Die bisher festgestellten Rekodierungen lassen sich in diesen Erklärungsversuch einordnen. Die bevorzugte Rekodierung in eine doppelte, anschauliche plus bildhafte Form ermöglicht nach bisherigem Wissen eine Verarbeitung auf sensorischem Niveau. Damit aber sind wesentliche Zeitverkürzungen als ein Ausdruck erübrigter komplizierter kognitiver Leistungen, geringere erlebte und psychophysiologisch ermittelbare Belastung [12, 7] sowie ein Freiwerden kognitiver Kapazität für Abstraktionsleistungen vom Typ der Regelausfilterung verbunden. Es gibt Hinweise auf einen zweistufigen Mechanismus zur Erklärung der Befunde. Eine erste Stufe der Aufwandsminimierung stellt das Aufbauen von m. R. überhaupt dar. Minimiert wird damit die Informationsaufnahme durch das Speichern der für die Regulation benötigten Daten. Eine zweite Stufe ist das Entwickeln redefinierter und rekodierter m. R., wodurch der Aufwand für Transformationen, kurzzeitiges sowie langzeitiges Behalten durch Speicherung in der regulativ zweckmäßigsten Form verringert wird.

Wenn diese Erklärung zutrifft, dann müßte mit der skizzierten Reduktion kognitiver Operationen auch eine Verringerung des psychophysischen Gesamtaufwands für das Erfüllen von Aufträgen verbunden sein. Erste Hinweise sprechen für das Zutreffen dieser Erwartung.

4. Zu Konsequenzen

Nicht zuletzt wegen der Reduktion des Aufwands besitzen die referierten Resultate erhebliche *praktische Bedeutung*. Bei der Anwendung der Ergebnisse zur Ableitung von arbeitspsychologischen Gestaltungsmaßnahmen konnten neben Senkungen der erlebten Beanspruchung Leistungssteigerungen erzielt werden. So führte in der chemischen Industrie das Lehren zweckmäßiger m. R. mit Hilfe neu entwickelter kognitiver Trainingsverfahren zu einer Verkürzung der Anlernzeit von Anlagenfahrern auf ein Viertel bei gleichzeitiger Senkung der erlebten

Schwierigkeit [12]. Bei simulierten Montagetätigkeiten führte der Aufbau zweckmäßiger, antwortbezogener und doppelt kodierter m. R. zu einer signifikant niedrigeren erlebten Belastung trotz signifikant höherer Leistung [8]. In Langzeitstudien in der Industrie mit verschiedenen Methoden des Lehrens optimaler m. R. für Bedientätigkeiten konnten höhere Normerfüllungen gleichfalls ohne erhöhte erlebte Ermüdung, aber bei verringertem Monotonie- und Sättigungserleben gesichert werden [26].

Damit ist exemplarisch die erfolgreiche Überführbarkeit von Erkenntnissen zur Beschaffenheit von m. R. in die Praxis bei drei Hauptklassen von Produktionsarbeiten, nämlich Montage-, Bedien- und Überwachungstätigkeiten belegbar.

Hinsichtlich des eingangs skizzierten *theoretischen* Problems, also des Verhältnisses von orientierender und regulierender Funktion des Psychischen, erlauben die referierten Untersuchungen zunächst präzisere Fragen zu stellen, denen künftig nachzugehen ist: Die regulierenden m. R. werden offenbar multipel auf noch schärfer zu analysierenden verschiedenen Ebenen der Abstraktion und Differenziertheit entwickelt. Ein bedingungsabhängiger Wechsel zwischen diesen Ebenen erfolgt nach noch präziser zu untersuchenden Prinzipien. M. R. haben Eigenschaften, die eine ökonomische Strategienkombination zu ermöglichen scheinen. Dabei sind vermutlich Erzeugungsprozeduren für Handlungsteile enthalten, und zwar auch solcher zu differenzierterer Informationsgewinnung. Damit sind auch Hinweise erkennbar, auf welche Weise eine universelle, „wesensabbildende“ orientierende Funktion psychischer Vorgänge und Gebilde mit einer aufgabenspezifischen tätigkeitsregulierenden verknüpft sein könnte. Die Aufklärung der beide verbindenden Prinzipien bleibt eine wesentliche Aufgabe.

Zusammenfassung

Der Beitrag untersucht in Erweiterung des Anliegens der kognitiven Psychologie, wie mentale Repräse ntationenvon Aufträgen und deren Ausführungsbedingungen Handlungen regulieren und ob sie Eigenschaften aufweisen, die vorzugsweise aus ihrer regulierenden Funktion erklärbar sind.— Ein Überblick über in der Literatur gesicherte sowie wahrscheinlich erscheinende Eigenschaften tätigkeitsleitender mentaler Repräsentationen verweist auf die zentrale Rolle solcher Eigenschaften, die konxtetabhängige ökonomische Strategien der Auftragserfüllung ermöglichen. Die vergleichende Diskussion eigener experimetalpsychologischer Untersuchungsresultate zum Erlernen von Klassifizierungsaufgaben sowie zum Funktions- und Regellernen zeigt: Bei gegebenen Freiheitsgraden werden Aufträge in Aufgaben redefiniert, die das erfolgreiche Einsetzen aufwandsarmer Strategien der Auftragserfüllung ermöglichen. Dabei handelt es sich jeweils nicht um „reine“, sondern um Mischstrategien. Die im Gedächtnis entstehenden mentalen Repräsentationen des Auftrags bilden nicht einfach das Datenangebot ab, sondern werden so umgeformt, daß sie günstige (nämlich kognitive Operationen einsparende) Grundlagen der Antwortableitung sind. Dazu gehört auch eine interne Kodierung mit Bevorzugung multipler, also anschaulicher und begrifflicher Kodes. Es wird erörtert, wie diese Vorgänge zum Entstehen einer ökonomischen Auftragserfüllung bei verschiedenen Tätigkeiten zusammenwirken.

Summary

The paper deals with the problem how mental representations of tasks and of the conditions of their performance regulate actions and if they have attributes which can be explained by their regulative function. A review of the literature reveals the central role of mental representations in guiding actions and in making possible context-dependent economical strategies. The authors demonstrate on the basis of own learning experiments with tasks of classification and rule finding that with certain degrees of freedom orders will be redefined in tasks which make possible the accomplishment of orders with strategies of low expenditure. Mental representations of orders which generate in memory do not simply reflect the data which are offered but they will be reshaped in such a way that they save the expenditure of cognitive operations.

Резюме

Настоящая работа является расширением понимания психологии мышления (Kognition). — В этом смысле анализируют, как мысленные репрезентации загач и услоьия выполнения этих задач регулируют деятельность и вопрос о том, имеют ли они сбойства, которые преимущественно объязнимо как регулирующая функция. — Обзор литературы по вероятным и гарантированным свойствам мысленных репрезентаций руководящих деятельность замечает центральную роль таких свойсть, которые делают возможным экономические стратегии выполнения задач. Сравнительное обсуждение своих экспериментальных результатов по изучением задач классификаций и по изучением финкций и правил показывает: Если дадут уровень свободы, тогда испытаемые преобразуют поручения в задачах так, чтобы разрешается использовать экономические стратегии выполнения задач. При этом речь не идет о чистых стратегиях но о смешанных. — Мысленные репрезентации поручения возникающие в памяти, изобразуют не только предложение данных но и получают такое преобразование, что являются благоприятной основой ответа (сбережение мысленных операций). К этому и относит внутренное кодирование с предпочтением мултипных, значит нагладных и абстрактных кодов. — Разбирают, как эти процессы взаимодействуют в создании экономического выполнения при различных деятельностях.

Literatur

1. BRUNER, J. S., GOODNOW, J. J., und AUSTIN, G. A.: A Study of thinking. New York 1956.
2. HACKER, W., und CLAUSS A.: Kognitive Operationen, inneres Modell und Leistung bei einer Montagetätigkeit. In: Psychische Regulation von Arbeitstätigkeiten. Hrsg. Hacker, W. Berlin 1976.
3. HACKER, W.: Zur Anforderungsabhängigkeit der Nutzung von hierarchischer Ordnung in Sequenzen. Z. Psychol. *185* (1977) 1–32.
4. HACKER, W., DILOVA, M., und KUNZE, Ch.: Wirkungen der Häufigkeitsakzentuierung bei einem Mehrklassenproblem mit unscharfen Klassen. Z. Psychol. *187* (1979) 157–177.
5. JONES, M. R., und ZAMOSTNY, K. P.: Memory and rule structure in the prediction of serial patterns. J. exper. Psychol. *104* (1975) 295–306.
6. KAHNEMAN, D.: Attention and effort. New York: Englewood Cliffs, 1973.
7. KASVIO, L.: Strategien beim Erlernen funktioneller Beziehungen. Dissertation A, TU Dresden 1978.
8. KNECHT. V.: Leistungs- und belastungsbestimmende Eigenschaften operativer Abbilder — untersucht an Montagetätigkeiten. Preprint TU Dresden 1978.
9. KOSSLYN, S. M., MURPHY, G. L., BENNESDORFER, U. E., und FEINSTEIN K. J.: Category and coutinuum in mental comparisons. J. exper. Psychol. *106* (1977) 341–376.

10. LEONTJEW, A. N.: Probleme der Entwicklung des Psychischen. Berlin 1967.
11. LOMOW, B. F.: The activity of the operator as a problem of human engineering. 18. Internationaler Kongreß für Angewandte Psychologie 1974 in Montreal.
12. MATERN, B.: Mentale Repräsentationen funktioneller Beziehungen: Beschaffenheit, Entstehung und Funktion. Dissertation (B), TU Dresden 1976.
13. MELZER, W.: Zum Einfluß sequentieller Ordnungen auf das Erlernen von Funktionen. Dissertation A, TU Dresden 1978.
14. MILLER, G. A., GALANTER, E., und PRIBRAM, K.-H.: Plans and the structure of behavior. New York 1960.
15. NEISSER, U.: Kognitive Psychologie. Stuttgard 1974.
16. NELSON, D. L., und REED, V. S.: On the nature of pictorial encoding: A levels-of-processing-analysis. J. exper. Psychol. *2* (1976) 49–57.
17. NORMAN, D. A.: Human memory and understanding. In: Organismische Informationsverarbeitung, Hrsg. Klix, F. Berlin 1973.
18. OSCHANIN, D. A.: Dynamisches operatives Abbild und konzeptionelles Modell. Probl. u. Ergebn. Psychol. *59* (1976) 37–48.
19. PAIVIO, A., und CSAPO, K.: Concrete image and verbal memory codes. J. exper. Psychol. *80* (1969) 279–285.
20. POSNER, M. J., und FITTS, P. M.: Performance. Basic concepts in psychology series. Belmont 1968.
21. POULTON, E.: Skilled performance and stress. In: Psychology at work. Hrsg. Warr, P. B. Middlesex 1971.
22. QUAAS, W.: Task dependence of the effect of standards on the perception of a series of objects. In: Advances in Psychophysics. Hrsg. Geißler/Sabrodin. Berlin 1976. S. 289–308.
23. RASMUSSEN, J., und JENSEN, A.: Mental procedures in real-life tasks: A case study of electronic trouble shooting. Ergonomics *17* (1974) 293–307.
24. ROSCH, E.: Cognitive representations of semantic categories. Exper. Psychol. *104* (1975) 199–233.
25. ROTHE, S.: Möglichkeiten und Formen des Zielsetzungsverhaltens bei Montagetätigkeiten. Preprint, TU Dresden. 1978.
26. RÜHLE, R., SCHNEIDER, N., und HACKER, W.: Erwerb operativer Abbilder leistungsbestimmender Teiltätigkeiten. Bericht zum Symposium Arbeits- und Ingenieurpsychologie 1977 Berlin (im Druck).
27. SCHMIDT, F.: Verfahrenstheoretische und experimentelle Analyse zur Interferenzneigung. Dissertation A, Mathematisch-naturwissenschaftliche Fakultät TU Dresden 1978.
28. SCHNEIDER, W., und SHIFFRIN, R. M.: Controlled and automatic human information processing I, II. Psychol. Rev. *84* (1977) 1–66 127–190.
29. SIMON, H. A.: The functional equivalents of problem solving skills. Cognitive Psychol. *2* (1975) 268–288.
30. SYDOW, H.: Strukturerkennung in kognitiven Prozessen. Dissertation B, Humboldt-Universität Berlin 1975.
31. TVERSKY, B.: Pictorial and verbal encoding in a STM tasks. Percept. Psychophysics *6* (1969) 225–233.
32. ULICH, E., GROSKURTH, P., und BRUGGEMANN, A.: Neue Formen der Arbeitsgestaltung. Frankfurt (Main) 1973.

Anschrift der Verfasser:
Prof. Dr. WINFRIED HACKER und Doz. Dr. BÄRBEL MATERN,
Technische Universität Dresden, Sektion Arbeitswissenschaften,
Wissenschaftsbereich Psychologie,
DDR – 8027 Dresden,
Mommsenstr. 13

Aus dem Lehrbereich Psychologie der Sektion Arbeitswissenschaften der Technischen Universität Dresden

Wirkungen und Häufigkeitsakzentuierung bei einem Mehrklassenproblem mit überlappenden Klassen

Von W. Hacker, Maria Dilova und Christa Kunze

Mit 7 Abbildungen

1. Problemlage

In Untersuchungen zum anschauungsgebundenen Klassifizieren von Gegenständen mit mehrdimensionaler Variation komplexer und konfigurativer, kaum trennbarer Merkmale rücken die einander überschneidenden Klassen, wie sie im Alltag auftreten, in den Mittelpunkt des Interesses [9, 20, 13, 14, 22]. Zur Erklärung der Vorgänge beim Entstehen derartiger natürlicher Klassen gibt es verschiedene Konzepte. Die Komplexmerkmale können als Resultat einer abstrahierenden Verdichtung von Elementarmerkmalen [12] bzw. als sukzessiv bedarfsweise zerlegte Merkmalskonfigurationen, im Extrem von kompletten Objekten (Objektkodierung), aufgefaßt werden [21, 15, 7]. Im letzteren Falle dürfte ein 2stufiger Prozeß vorliegen. Dem globalen Objektvergleich auf einer Ähnlichkeitsdimension folgt der Versuch eines seriellen Vergleichs nach trennbaren Einzelmerkmalen [3, 14]. Das Lehren kritischer Einzelmerkmale, die bei der Darbietung der Objekte hervorgehoben werden, führt in Trainingsexperimenten an lebenspraktischen Gegenständen zu den besten Ergebnissen [5]. Wechselwirkungen oder Gestaltbildungen mit Kompensationen zwischen den Bestandteilen von Komplexmerkmalen, die aufgefaßt werden können als Gewichtungen, dürften vorherrschend sein: Die Bedeutung einer Information ist von ihrem Kontext abhängig. Nicht nur einzelne Ausprägungsgrade, auch Dimensionen sind kompensierbar. Garner [7] hält bei integralen bzw. konfiguralen Komplexmerkmalen die dimensionale Struktur, die bei der Reizerzeugung benutzt wurde, für das Klassifizieren für irrelevant. Merkmale können des weiteren multipel kodiert sein bzw. auf unterschiedlichen Ebenen verarbeitet werden [17,6].

Auch die Häufigkeitstheorie der Attributidentifizierung [4] geht davon aus, daß nicht notwendig diskrete, gleichgewichtete orthogonale Merkmalsdimensionen dem Klassifizieren zugrunde liegen müssen, sondern korrelierte Cluster kontinuierlicher Dimensionsausprägung vorherrschen. Eine natürliche Klasse kann dabei genutzt werden, ohne daß man sich aller oder sogar irgendwelcher kritischen Merkmale bewußt sei. Klassen seien demzufolge repräsentierbar durch „beste", prototypische Beispiele. Die übrigen Klassenangehörigen weisen Grade der Zugehörigkeit bezogen auf den Prototyp auf, die in Zugehörigkeitsurteilen, die mit Graden von Unsicherheit behaftet sein können, angegeben werden können. Diese Resultate werden interpretiert mit der Auffassung von Klassen als regelartigen Beziehungen zwischen Sätzen von Attributen. Attribute treten mit verschiedener Häufigkeit auf. Je wahrscheinlicher ein Attribut ist, desto besser definiert es eine Klasse. Ein Prototyp ist aus dieser Sicht jenes Objekt, das alle Attribute unabhängig von ihrer Wahrscheinlichkeit enthält. Zugehörigkeitsgrade werden dadurch festgelegt, wie viele und welche Attribute ein Objekt besitzt; je mehr, desto repräsentativer ist es für die Klasse.

Die Abstraktion von Klassenvertretern oder Prototypen wird häufig dargestellt als Entwicklung eines Schemas mit Korrekturregeln. Dabei handelt es sich um Cluster gemeinsam auftretender Attribute nebst zusätzlichen anderen Attributen mit niedrigerer Häufigkeit. Damit wäre die Variationsbreite der Merkmalsausprägungen ebenso wie die relative Auftrittshäufigkeit in den Attributen der Variationsbreite einbezogen (in Analogie zu den Vorstellungen bei PARDUCCI und PERRET [18]. Die Auffassung als Abstraktionsergebnis schließt ein, daß kein einziges Objekt notwendig dem Prototyp in allen Hinsichten entsprechen muß [23].

In Analogie zu Bezugssystemen können Klassen als Kontexteffekte aufgefaßt werden, bei denen die Prototypen als die multidimensionalen Ankerreize wirken [1]. Mit der Ausbildung kategorialen Wahrnehmens tritt die elementare Ähnlichkeit zwischen den einzelnen Objekten zurück hinter die klassenbedingte kontextabhängige Ähnlichkeit mit der Folge der Verallgemeinerung innerhalb und der Unterscheidung zwischen den Klassen, wie das die Bezugssystemforschung für eindimensionale Steigerungsreihen gezeigt hat [20]. Damit werden die Zugehörigkeitsgrade verändert [1]. Die Ähnlichkeitsbeurteilung von Objekten aus verschiedenen Klassen ist eine negative Funktion der Abstände der Objekte von den Mitten ihrer jeweiligen Klassen. Beim Einschätzen der Beziehungen zwischen Objekten innerhalb einer Klasse werden andere Merkmalssätze verwendet als zwischen Klassen. Die kategoriale Struktur eines Materials kann offenbar seine mentale Repräsentation, z. B. seine Kodierung, beeinflussen.

Die Prototypbildung schließt mehrere Probleme ein:

Zunächst kann entweder ein wirklich gebotenes mittleres Objekt als Prototyp einer Klasse aufgefaßt werden und wirken. Denkbar ist auch der Aufbau einer abstrahierenden Objektabbildung, die nicht einem einzelnen der real gebotenen Objekte entsprechen muß.

Die Mitteilung könnte ein Häufigkeitsmittel, also das häufigste Objekt, als modalen Prototyp zugrunde legen oder einen arithmetischen bzw. geometr'schen, ungewicht etenbzw. gewichteten Mittelwert bilden. Der Prototypbegriffist jedoch nicht nur auffaßbar als mittlere Klassenvertretung in Form der Abbildung eines bestimmten Klassenvertreters, sondern auch als mittlere Merkmalsausprägung aller Klassenmitglieder.

Bei konfiguralen oder integralen Komplexmerkmalen gibt es allerdings Argumente für eine Prototypbildung ohne solche dimensionale Merkmalsanalyse, also als Objektkodierung.

Im Unterschied zu der gedächtnismäßigen Fixierung der mittleren Ausprägungen können im Falle dimensionalen Klassifizierens aber auch die gemeinsamen Merkmale der Klassen sowie die am deutlichsten unterscheidenden Merkmale zugrunde gelegt werden [2]. Es gibt Hinweise auf die Abhängigkeit dieser Möglichkeiten von den Eigenschaften des zu klassifizierenden Materials, beispielsweise von den Beziehungen zwischen den Klassen.

Da bei natürlichen, einander überlappenden mehrdimensionalen Klassen im Falle von Vielklassenproblemen innerhalb eines Materials unterschiedliche Grade der Merkmalstrennbarkeit ebenso wie unterschiedlich enge Beziehungen zwischen den Klassen vorliegen dürften, muß hier mit dem gleichzeitigen Auftreten aller benannten unterschiedlichen Möglichkeiten gerechnet werden.

Schließlich ist nicht einsichtig, daß die Prototypenbildung überhaupt die einzige Klassifizierungsstrategie ist. Aus der Bezugssystemforschung bei eindimensionalen Steigerungsreihen schon bekannte alternative Vorgehensweisen sind z. B. eine sequentielle Strategie, also das Ausgehen jeweils vom letzten Objekt oder das Zuordnen bezogen auf ein auffälliges, z. B. extremes oder leicht benennbares Objekt. Derartige Alternativstrategien sind deshalb bedeutsam, weil sie mindestens bis zur Ausbildung der Prototypen unerläßlich sind.

Diese Untersuchung versucht Einblick zu gewinnen in die Eigenschaften von internen Klassenrepräsentationen, indem sie die Häufigkeit von verschiedenen Klassenangehörigen sowie die Vorgabe bzw. Nichtvorgabe des objektiven Prototyps variiert.

Auf diesem Gebiete wurde bisher für eindimensional reduzierte Zuordnungen mit äußerer Rückmeldung gezeigt (z. B. [13]), daß in Lernvorgängen unterschiedliche Häufigkeitsvorstellungen über alternativ zugeordnete Objekte verschiedene Merkmalsausprägungen als Bezugspunkte für die Zugehörigkeit zu einer von zwei Klassen einstellen. Die Klassengrenze wird in einer an die Lernphase anschließenden Klassifizierungsphase nach den niedrigeren Wahrscheinlichkeiten hin verschoben. Der Erwerb scheint von den Klassengrenzen her zu erfolgen [22]. Wir nehmen diese Befunde zum Ausgangspunkt. Unser Anliegen wird durch folgende Bedingungen gekennzeichnet: Hier interessiert für perzeptives Klassifizieren mehrdimensionaler Objekte mit konfiguraler Merkmalsstruktur ohne äußere Rückmeldung bei vielen (6) Klassen, welche Wirkung die unterschiedliche Häufigkeit einzelner Objekte aufweist. Diese Wirkungen sind des weiteren bei in der Entstehung befindlichen Bezugssystemen, nicht bei bereits eingelernten, stabilisierten Bezugssystemen gefragt. Die Häufigkeitsveränderung betrifft jeweils nur ein Objekt in einer größeren Objektreihe, und sie erfolgt vergleichend mit und ohne Kenntnis bestimmter Klassenrepräsentanten. Wir sprechen von Häufigkeitsakzentuierung mit und ohne Anker bekannter Stellung innerhalb der Klasse.

Bisher wird die Verschiebung der Klassengrenzen erklärt als ein Ausfiltern der gehäuft in einer Klasse auftretenden Merkmale und deren Zusammenfassung, also im Sinne der Kodierung separabler Merkmale und der Mitteilung zu einer häufigkeitskorrigierten internen Repräsentation [14]. Die Auftrittswahrscheinlichkeiten der Objekte können als Gewichte in die Prototypenausbildung eingehen, oder es werden unterschiedliche Entscheidungspunkte in Abhängigkeit von der Verteilung der Objekte gewählt. Bei mehrdimensional variierenden Objekten wären in Anbetracht der naheliegenden konfiguralen Objektkodierung Alternativen hierzu denkbar: So kann das gehäuft auftretende Objekt identifiziert werden und eben dadurch ohne besonderen Einfluß auf die Klasse bleiben. Umgekehrt könnte es als bestidentifiziertes, weil abgehobenes Objekt zum Klassenkern werden, wobei diese Funktion unabhängig von der Größe der Häufigkeitsdifferenz eine Folge der Abgehobenheit sein kann. Verschiedene Akzentuierungsgrade würden dann zu gleichen Auswirkungen führen.

Bei einer anderen einfachen Klassifizierungsaufgabe lag das Minimum der Klassifizierungszeit beim häufigsten Reiz [8]. Wiederum kann hierbei das Klassifizieren in ein Wiedererkennen verwandelt und der akzentuierte Reiz aus der Klassenbildung ausgegliedert sein. Die Wirkungen auf die Klasse können auf verschiedene Weise entstehen. Wir fragen daher, was unter den benannten Bedingungen mehrdimensionalen Klassifizierens in mehrere Klassen *innerhalb* der Klassen bei Veränderung der Häufigkeit eines Objekts geschieht. Das Neue hierbei ist vor allem die Analyse für die einzelnen Objekte jeder Klasse. Dabei wird auch die Wirkung auf das jeweils akzentuierte und die übrigen Objekte getrennt untersucht.

Folgende Sachverhalte bedürfen nach diesem Überblick näherer Klärung:

Welche Konsequenzen ergeben sich aus der mit einer konfiguralen Objektkodierung verknüpften Möglichkeit des Identifizierens wiederholt auftretender Objekte für die Klassifikation? Es ist denkbar, daß bei einer Prototypbildung die Prototypen nur über die verschiedenen Objekte gebildet werden, indem mehrfach auftretende Objekte als identisch identifiziert und als ein Objekt aufgefaßt werden oder daß häufigkeitsabhängige Prototypen entstehen, die das mehrfache Auftreten identischer Objekte gewichten.

Es gibt aber auch Alternativen zum Prototypvergleich: Das besonders häufige und daher am besten identifizierte und eingeprägte Objekt könnte zum Kern der Klassenbildung werden, indem andere Objekte mit ihm verglichen und dementsprechend zugeordnet werden. Daneben kann langsamer ein häufigkeitsunabhängiger Prototyp entstehen. Zwischen diesem und dem ursprünglichen Kernobjekt müßten sich Wechselbeziehungen, z. B. Konflikte, ausbilden.

Damit im Zusammenhange sind Vorgehensweisen beim Klassifizieren denkbar, die den kognitiven Aufwand verringern. Die Bevorzugung solcher Vorgehensweisen, die ganz besonders die Kurzzeitgedächtnisbelastung, aber auch den Aufwand des Langzeitbehaltens und kognitive Operationen reduzieren, ist für den Regelerwerb und das Funktionslernen nachgewiesen [9, 16]. Im hier betrachteten Falle reduzierbar ist

– das Behalten aller bereits klassifizierten Objekte zu Vergleichszwecken, indem nur ein Vergleichsreiz, z. B. der Prototyp oder ein jeweils bestidentifiziertes Objekt für jede Klasse behalten wird,

– komplizierte Ausfilterungsoperationen der Klassenrepräsentanten mit umfangreichen Anforderungen an das Kurzzeitbehalten, indem jeweils ein bestidentifiziertes Objekt als Kern der Klasse ohne weitere Verarbeitung übernommen wird.

Eine Klassenbildung ausgehend von einem bestidentifizierten Objekt wäre demnach eine Vorgehensweise mit erheblicher Aufwandssenkung.

Falls aber Repräsentationen der Klassenmitten entwickelt werden, bestehen auch hierbei verschiedene Möglichkeiten: Es können modale und arithmetische oder geometrisch gemittelte Prototypen entstehen. Es gibt Hinweise auf die Abhängigkeit ihres Auftretens von der Größe der Variabilität unter den zu klassifizierenden Reizen. Weiter wäre im Falle einer Objektkodierung das Ausgliedern des häufigkeitsakzentuierten Objekts und danach eine Prototypbildung über die Restklassen denkbar, zumal es Hinweise auf die Vernachlässigung objektiver Auftrittshäufigkeiten gegenüber der Repräsentativität beim Urteilen unter Unsicherheit gibt. Im Unterschied zu der arithmetischen oder geometrischen Mittelung müßte bei modalen Prototypen der Akzentuierungsgrad ohne Einfluß bleiben. Ebenso sind bei der Ausgliederung des akzentuierten Objekts aus der Klasse keine Veränderungen in den Klassenzuordnungen bei verschiedener Häufigkeitsakzentuierung zu erwarten.

2. Fragestellung

1. Welche Objekte einer Klasse werden in welcher Weise durch die Häufigkeitsakzentuierung im Anteil zutreffender Klassifikationen und in der Klassifizierungszeit beeinflußt?

Möglich ist eine Leistungsverbesserung nur für das akzentuierte Objekt oder für dieses und seine Nachbarn (im Sinne einer Assimilation) oder für das akzentuierte Objekt bei gleichzeitiger Leistungsverschlechterung für die nicht akzentuierten (im Sinne von Kontrast). In den letzten beiden Fällen erlangt das akzentuierte Objekt Einfluß auf das entstehende Klassenkonzept.

2. Verändert sich der Ausprägungsgrad der Akzentuierungswirkungen mit dem Ähnlichkeitsabstand des akzentuierten Objekts zum Prototyp? Bei Betrachtung gemittelt über mehrere Klassen und Personen kann die akzentuierungsbedingte Veränderung der richtigen Klassifikationen gegenüber gleich häufigem Auftreten unterschiedlich stark ausgeprägt sein. Diese Ausprägungsunterschiede können vom Ähnlichkeitsabstand des betrachteten Objekts vom Prototyp unabhängig sein oder mit diesem fallen oder wachsen. Diese Beziehungen können sich für positive und negative Wirkungen unterschiedlich verhalten.

3. Unterscheiden sich die Auswirkungen verschiedengradiger Akzentuierung? Bei modaler Klassenmittenbildung dürften im Unterschied zur gemittelten keine Unterschiede vorliegen. Bei mäßiger Akzentuierung dürfte das Identifizieren in geringerem Umfang gelingen als bei hochgradiger. Damit wäre im ersten Falle

eher ein Einbezug in die Klasse, beim zweiten dagegen eher eine Abhebung aus der Klasse zu erwarten.

4. Unterscheiden sich die Akzentuierungswirkungen bei gegebener Kenntnis der objektiven Prototypen von denen ohne Prototypenkenntnis?. Wenn die Häufigkeitsakzentuierung Einfluß auf das Klassenkonzept gewinnt, so müßten bei einer möglichen Verankerung dieses Konzepts am objektiven Prototyp im Hinblick auf Größe und auf Qualität andere Wirkungen entstehen.

3. Methodik

Es wurden 2 Teiluntersuchungen am gleichen Untersuchungsmaterial durchgeführt. 60 geometrische Figuren, die aus 6 Prototypen, nämlich 8eckigen regelmäßigen Poligonen, durch Variation der Achsenlängen erzeugt wurden, sollten bei unbegrenzter Darbietungsdauer sukzessiv den 6 Klassen mit je 10 Objekten zugeordnet wer-

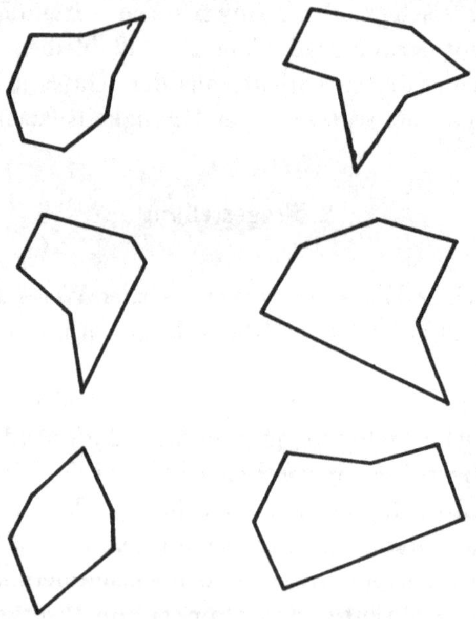

Abb. 1. Prototypen der sechs Klassen

den. Abbildung 1 zeigt die objektiven Prototypen, die zur Materialerzeugung dienten. Das nach Regeln erzeugte Material wurde an einer gesonderten Probandengruppe subjektiv geeicht. Dabei wurden der Schwierigkeitsgrad der 6 Klassen und die Ähnlichkeitsabstände zwischen Prototyp (P), Mittelobjekt (M) und dem für die Klasse untypischsten oder Randobjekt (R) innerhalb der Klassen durch Veränderungen am Material ausgeglichen. Das so gewonnene Material war so beschaffen, daß es bei erstmaliger sukzessiver Darbietung ohne Hilfen im Mittel zu 50% zutreffend klassifiziert wurde. Die Objekte können damit einerseits nur mit einer unterschiedlichen Zugehörigkeitswahrscheinlichkeit den Klassen zugeordnet werden und bieten andererseits genügend Verbesserungsspielraum, der zwischen den abhängigen Variablen zu unterscheiden gestattet.

Den Variablenplan der Teiluntersuchung A zeigt Tabelle I. Die Versuchspersonen (Vpn) erhielten hier in ungeordneter Abfolge jedes Objekt vor dem Hauptversuch für drei Sekunden zur Vorinformation genau so häufig gezeigt, wie die Objekte im Hauptversuch auftraten. Bei der Variante mit Prototypvorgabe wurden zusätzlich die sechs objektiven Prototypen während der Hauptversuche als Hilfsmittel den Vpn auf Kärtchen vorgegeben.

Tabelle I: Variablenplan der Untersuchung A (ausgeführt von CHRISTA·KUNZE) (Akzentuierung 11 : 1)

Akzentuiertes Objekt / Vorgebene Klassifizierungsgrundlagen	ohne (O)	Prototyp (P)	Zwischen-[1] objekt (Z)	„Rand"-[2] objekt (R)
Wiederholungen	1 2 3 4 5	1 2 3	1 2 3	1 2 3 4 5
Kenntnis der Objektmenge	n_1	n_2	n_3	n_4
Kenntnis der Objektmenge + Vorlage der objektiven Prototypen	n_5	n_6	n_7	n_8

n_1 bis n_8 je 7 Vpn = 56 Vpn
[1,2] wie in Plan B.

Die Tabelle II gibt den Variablenplan der Teiluntersuchung B wieder. Die Vpn erhielten gleichfalls vor dem Hauptversuch für 3 Sekunden jedes Objekt der Menge gezeigt, jedoch unabhängig von seiner Häufigkeit im Hauptversuch stets nur einmal. Eine Prototypvorgabe erfolgte nicht.

Die Häufigkeitsakzentuierung 11 : 1 bedeutet, daß das akzentuierte Objekt jeder Klasse 11mal, jedes andere 1mal in der ungeordneten Abfolge auftritt. Die zum Vergleich erforderliche gleich häufige Darbietung aller Objekte wurde in 2 Varianten realisiert: mit 2maligem und mit einmaligem ungeordneten Auftreten jedes Objekts. Das 2malige Auftreten wurde realisiert, um die Anzahl der zuzuordnenden Objekte im akzentuierten und im nicht akzentuierten Falle gleichzuhalten. Dies erschien ratsam, solange unklar war, ob das wiederholte Auftreten identischer Objekte als eine Klassenvergrößerung wirksam ist oder nicht. Allerdings könnte damit auch beim Fehlen äußerer Rückmeldung ein erhöhter Übungseffekt auftreten, der den nur einmal gebotenen nicht akzentuierten Objekten abgeht. Beim Vergleich könnten die letzteren somit benachteiligt sein. Daher die Variante mit nur einmaligem Auftreten, jedoch ungleicher Anzahl zuzuordnender Objekte.

Beide Untersuchungen verwendeten kriteriumsparallelisierte gleichwertige Stichproben zu je 7 Vpn pro Zelle. Insgesamt waren 126 studentische Vpn einbezogen.

Tabelle II: Variablenplan der Untersuchung B (ausgeführt von Maria Dilova) (Mengenvorkenntnis)

Akzentuierungsgrad / Akzentuiertes Objekt	Ohne (O)	Prototyp (P)	Zwischen-[1] objekt (Z)	„Rand"-[2] objekt (R)	Prototyp + „Rand"objekt (P+R)
Wiederholungen	1 2 3	1 2 3	1 2 3	1 2 3	1 2 3
11 : 1 bzw. bei (o) 2maliger Darbietung gleichhäufig	n_1	n_2	n_3	n_4	n_5
5 : 1 bzw. bei (o) einmaliger Darbietung gleichhäufig	n_6	n_7	n_8	n_9	n_{10}

n_1 bis n_{10} je 7 Vpn = 70 Vpn

[1] Zwischenobjekt: Objekt mit Mittelstellung in der Rangreihe des Ähnlichkeitesabstandes der Objekte vom Prototyp.

[2] „Rand"objekt: dem Prototyp am wenigsten ähnliches Objekt einer Klasse.

In einer 3. Untersuchung mit Pilotcharakter waren anschließend an den letzten Hauptversuch des Plans B bei gleichzeitigem Vorliegen aller Objekte in Form von Kärtchen hieraus die Prototypen auszuwählen, dann alle übrigen Objekte diesen Prototypen in Rangreihen nach Ähnlichkeit zuzuordnen und endlich für jedes Objekt der so gebildeten Rangreihe ein prozentualer Zugehörigkeitswert zur Klasse anzugeben.

Als unabhängige Variable wurden erfaßt: Klassifikationsgüte[1], Zeitbedarf sowie die in Ratingskalen ermittelte subjektive Zuordnungssicherheit, Aufgabenschwierigkeit und erlebte Beanspruchung.

4. Ergebnisse

4.1. Wirkungsbereich der Häufigkeitsdakzentuierung

Welche Objekte sind in welcher Weise von Akzentuierungswirkungen betroffen? Die Abbildungen 2 und 3 stellen jeweils für die letzten Durchgänge die Differenz der Anzahl zutreffender Klassifikationen bei verschiedenen Akzentuierungsbedingungen gegenüber gleich häufiger Darbietung aller Klassenmitglieder getrennt für die einzelnen Objekte, jedoch zusammengefaßt über alle Klassen und Vpn dar. Die Pfeile markieren die häufigkeitsakzentuierten Objekte. Man erkennt:

1. Akzentuierung verändert nicht nur die Klassifikationsgüte des akzentuierten, sondern aller Objekte. Richtung und Güte dieser Veränderungen sind abhängig davon, welches Objekt in welchem Grade akzentuiert ist:

2. Bezüglich der Veränderungsrichtung entstehen sowohl Verbesserungen wie

[1] Eine von der Vp gebildete, subjektive Klasse wurde als zutreffend bewerte, wenn sie eine überzufällige Mindestzahl von Angehörigen einer objektiven, vom Versuchsleiter erzeugten Klasse enthilet. Als Grenze wurde das Doppelte der bei zufälliger Zuordnung sich ergebenden Anzahl gewählt. Zusammenfassungen von zwei Klassen waren zugelassen. Bei den akzentuierten Objekten wurden die Objektwiederholungen getrennt gezählt.

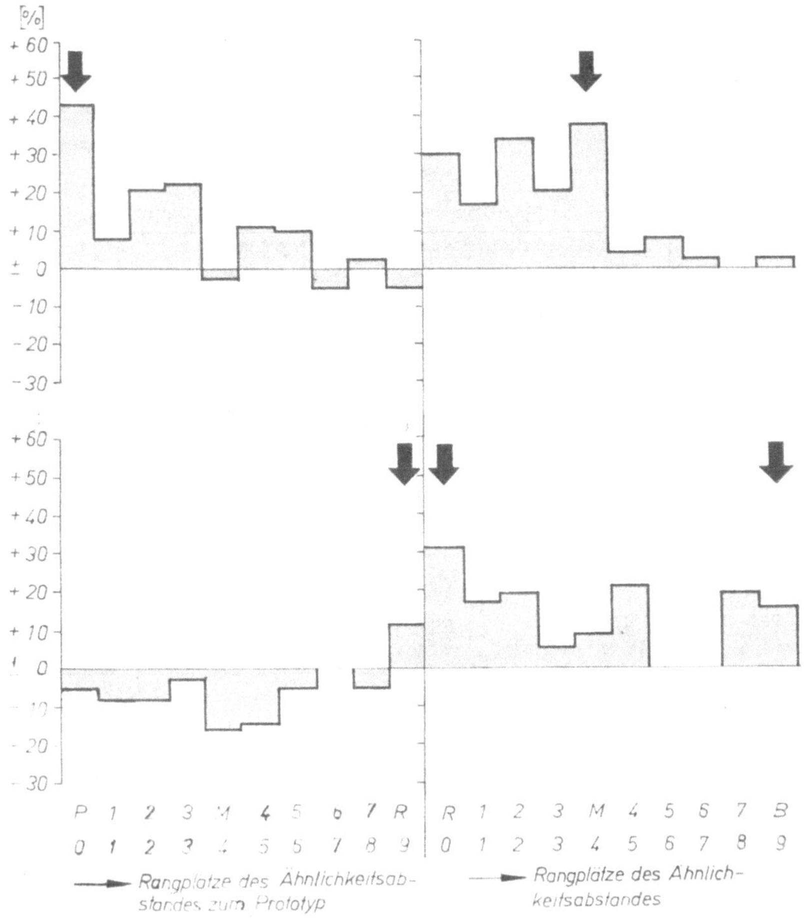

Abb. 2. Veränderung der Klassifizierungsgüte über dem Klassenspielraum durch Akzentuierung verschiedener Klassenmitglieder (5 : 1)

Verschlechterungen der Klassifikationsgüte. Die akzentuierten Objekte selbst sind bei beiden Akzentuierungsgraden unabhängig von ihrem Ähnlichkeitsabstand zum Prototyp stets verbessert. Die Veränderungen der nicht akzentuierten Objekte sind abhängig

- vom Ähnlichkeitsabstand des akzentuierten Objekts vom Prototyp,
- vom Ähnlichkeitsabstand des jeweiligen Objekts zum Prototyp und zum akzentuierten Objekt sowie
- vom Akzentuierungsgrad.

Betrachtet man die Klassifizierungsgüte zunächst für alle nicht akzentuierten Objekte gemeinsam, also unter Absehung vom Ähnlichkeitsabstand der verschiedenen nicht akzentuierten Objekte zum Prototyp und zum akzentuierten Objekt, so ergibt sich (Tab. III):

- Gemeinsame Akzentuierung von Prototyp und Randobjekt verbessert bei mäßiger und starker Akzentuierung die Klassifizierungsgüte nicht akzentuierter Objekte.

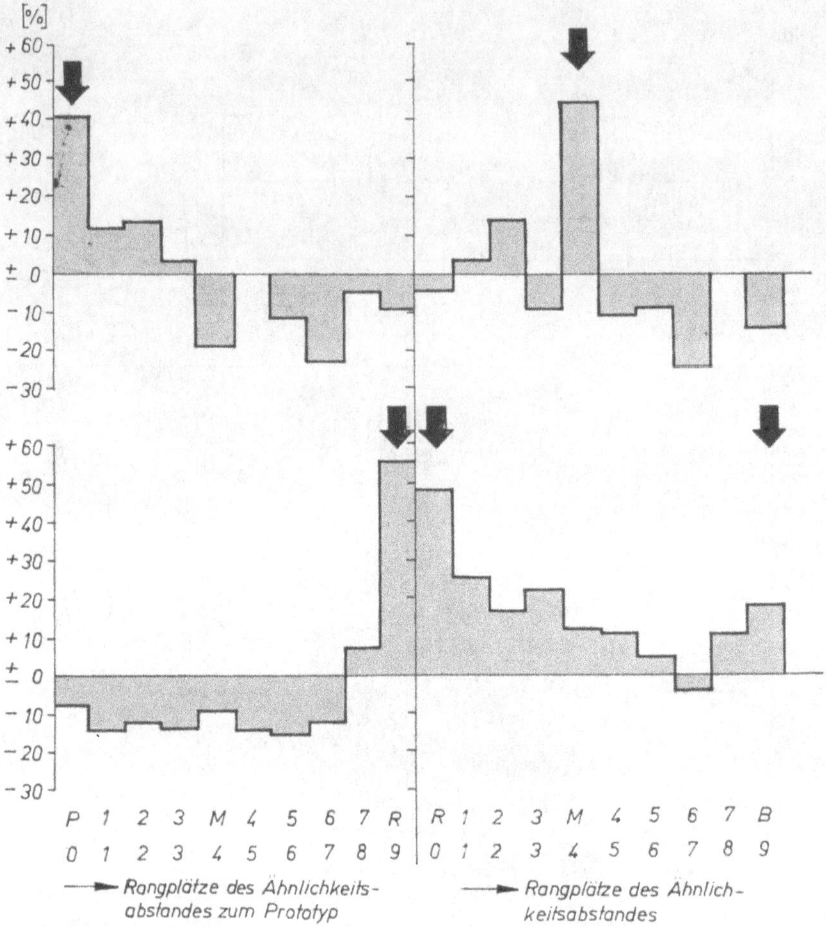

Abb. 3. Veränderung der Klassifizierungsgüte über dem Klassenspielraum durch Akzentuierung verschiedener Klassenmitglieder (11 : 1)

– Akzentuierung von Prototyp oder Mittelobjekt verbessert im Falle mäßiger Akzentuierung die Klassifizierungsgüte.
– Starke Akzentuierung führt stets zu Verschlechterungen.
– Mäßige Akzentuierung von Objekten mit maximalem Ähnlichkeitsabstand zum Prototyp (Randobjekt) verschlechtert die Klassifizierungsgüte gegenüber ihrer Ausprägung bei gleich häufigem Auftreten aller Objekte.

Analysiert man den Beitrag einzelner nicht akzentuierter Objekte in Abhängigkeit von ihrem Ähnlichkeitsabstand zum Prototyp und zum akzentuierten Objekt, so sind weitere Aussagen möglich (Abb. 2 und 3):

– Bei der Akzentuierung des Prototyps sind bei beiden Akzentuierungsgraden die prototypnahen nicht akzentuierten Objekte im Vergleich zu gleich häufigem Auftreten verbessert, die prototypfernen dagegen bei mäßiger Akzentuierung unverändert, bei starker sogar verschlechtert.

Tabelle III: Veränderung der Klassifizierungsgüte gegenüber gleichhäufiger Objektdarbietung für nichtakzentuierte Objekte
in Abhängigkeit – vom Ähnlichkeitsabstand des akzentuierten Objekts vom Prototyp
– vom Akzentuierungsgrad
– von der Materialvorkenntnis

Akzentuierungsgrad	Vorkenntnis des Materials	Akzentuierte Objekte Prototyp (P)	 mittleres Objekt (M)	 Randobjekt (R)	 P+R
5 : 1	einmalige vorherige Darbietung	verbessert *s*	verbessert *s*	verschlechtert *s*	verbessert *s*
11 : 1	einmalige Darbietung	(verschlechtert) *ns**	verschlechtert *s*	verschlechtert *s*	verbessert *s*
	2malige Darbietung	verschlechtert *s*	verschlechtert *s*	verschlechtert *s*	(verbessert) *ns** .
	2malige Darbietung (anderes Kollektiv)	verschlechtert *s*	verschlechtert *s*	verschlechtert *s*	
	2malige Darbietung + Prototypenvorgabe	(verschlechtert) *ns**	verschlechtert *s*	verschlechtert *s*	

* U-Test eins.; p = 0,10

– Beim Akzentuieren eines Objekts mittleren Ähnlichkeitsabstandes (Mittelobjekt) sind die dem Prototyp ähnlicheren nicht akzentuierten Objekte bei mäßiger Akzentuierung verbessert, bei starker dagegen nicht stichhaltig verändert. Die dem Prototyp ähnlichen sind bei mäßiger Akzentuierung nur unwesentlich von Gleichhäufigkeit verschieden, bei starker jedoch verschlechtert.

– Bei Akzentuierung des dem Prototyp unähnlichsten Randobjekts sind die nicht akzentuierten Objekte bei beiden Akzentuierungsgraden verschlechtert.

Mithin ist ein durchgängiges Prinzip erkennbar: Je ähnlicher das akzentuierte Objekt dem Prototyp ist, desto wahrscheinlicher ist bei mäßiger Akzentuierung eine Verbesserung der Klassifizierungsgüte auch nicht akzentuierter Objekte. Je unähnlicher umgekehrt das akzentuierte Objekt dem Prototyp und je extremer die Akzentuierung ist, desto größer ist die Wahrscheinlichkeit einer Verschlechterung für die nicht akzentuierten Objekte.

Eine Tendenz zur Verbesserung prototypnaher nicht akzentuierter Objekte beim Akzentuieren des Prototyps ist auch dann erkennbar, wenn eine zweimalige Darbietung der nicht akzentuierten Objekte erfolgte, sowie bei Vorgabe der objektiven Prototypen. Die Beziehung gilt also bei verschiedenem Grad der Materialkenntnis und sowohl bei vorhandener wie fehlender Kenntnis von Klassifizierungsgrundlagen.

3. Durch gleichzeitiges Akzentuieren von Prototyp und Randobjekt entstehen (mit einer Ausnahme) für alle nicht akzentuierten Objekte Verbesserungen. Die gegenläufigen, zu Verschelechterungen führenden Wirkungen alleiniger Prototyp bzw. Randobjektakzentuierung sind dabei nicht nur aufgehoben, sondern die Klassifizierungsgüte der nicht akzentuierten Objekte ist noch besser als bei der jeweils besseren Form der Einzelakzentuierung. Es liegt eine Verbesserung vor, die größer ist, als die Summe der Einzelverbesserungen gegenüber Gleichhäufigkeit. Bei hochgradiger Akzentuierung gilt dieser Sachverhalt für alle nicht akzentuierten Objekte (signifikant im Vorzeichentest), bei mäßiger Akzentuierung nur bei 5 von 8 nicht akzentuierten Objekten (nicht signifikant im Vorzeichentest). Auch die prototypfernen und somit dem Randobjekt nahen Objekte erreichen bessere Zuordnungen als bei Gleichhäufigkeit, was eine Verbesserung sogar gegenüber der Akzentuierung des Randobjekts darstellt. Diese Befunde weisen auf das Entstehen qualitativ besonderer Klassifizierungsgrundlagen durch die Doppelakzentuierung hin.

4.2. Ausgeprägtheit der Akzentuierungswirkungen

Gefragt ist nach dem Ausmaß der Veränderungen des Anteils richtiger Klassifikationen bei Häufigkeitsakzentuierung gegenüber gleich häufigem Auftreten in Abhängigkeit davon, welche Objekte in welchem Grade akzentuiert werden.

Wir betrachten zunächst die akzentuierten Objekte bei starker Akzentuierung: In der Klassifizierungsgüte bestehen keine wesentlichen Unterschiede zwischen Prototyp-, Mittelobjekt- und Randobjektakzentuierung. Das ergibt sich daraus, daß gegenüber den Ergebnissen bei gleich häufiger Darbietung mit wachsendem Ähnlichkeitsabstand zum Prototyp die Klassifizierungsgüte leicht wächst (Abb. 4, obere Kurve).

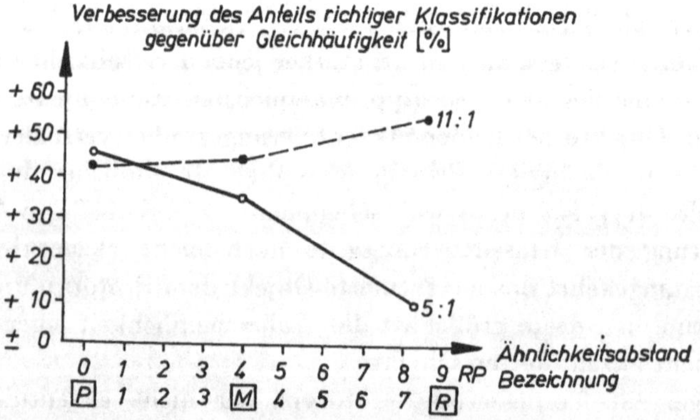

Abb. 4. Veränderung der Klassifizierungsgüte gegenüber gleichhäufiger Darbietung für *akzentuierte* Objekte in Abhängigkeit vom Ähnlichkeitsabstand der akzentuierten Objekte vom Prototyp und vom Akzentuierungsgrad

Doppelakzentuierung von Prototyp und Randobjekt führt bei letzterem zu einer wesentlich geringeren Verbesserung als in Falle alleiniger Akzentuierung des Randobjekts.

Bei mäßiger Akzentuierung liegen zwischen Prototyp- und Mittelobjektsbetonung keine stichhaltigen Unterschiede vor, jedoch ist die Akzentuierung des Randobjekts wesentlich weniger wirksam. Hier nimmt die Ausprägung der Akzentuierungswirkung mit wachsendem Ähnlichkeitsabstand zum Prototyp ab (Abb. 4, untere Kurve).

Die Doppelakzentuierung weist keine Unterschiede zur Einzelakzentuierung auf.

Bei großem Ähnlichkeitsabstand zum Prototyp ist also eine stärkere Akzentuierung zur Erzeugung der gleichen Leistungsverbesserungen erforderlich als bei geringem.

Die Klassifizierungsgüte der nicht akzentuierten Objekte wird bei starker Akzentuierung (weiße Säulen der Abb. 5) mit wachsendem Ähnlichkeitsabstand der akzentuierten Objekte vom Prototyp im Vergleich zur Gleichhäufigkeit zunehmend verschlechtert.

Bei mäßiger Akzentuierung ist die Wirkung differenziert (schraffierte Säulen der Abb. 5): Die Verbesserung bei den nicht akzentuierten Objekten ist bei Mittelobjektsakzentuierung zwar größer als bei Prototypakzentuierung, diese Tendenz ist jedoch nicht signifikant. Dagegen ist die Verschlechterung bei Akzentuierung des Randobjekts signifikant gegenüber der des Prototyps bzw. des Mittelobjekts.

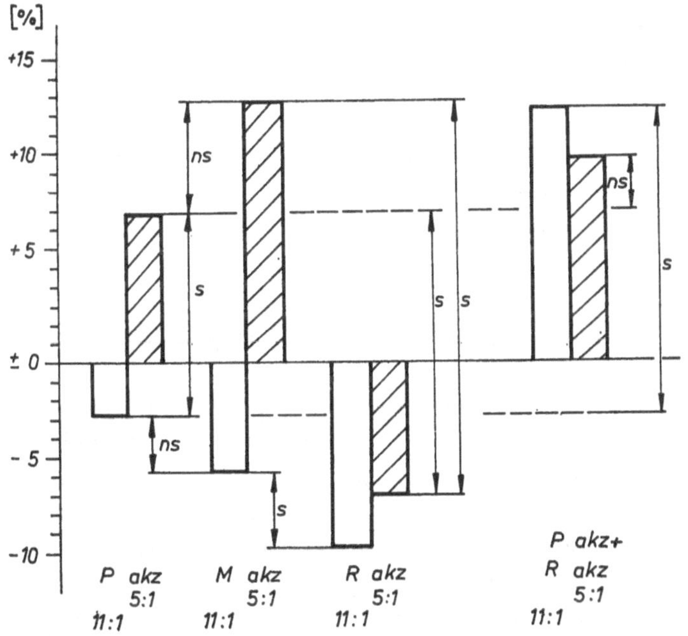

Abb. 5. Veränderung der Klassifizierungsgüte gegenüber gleichhäufiger Darbietung für nichtakzentuierte Objekte in Abhängigkeit vom Ähnlichkeitsabstand des akzentuierten Objekts vom Prototyp und vom Akzentuierungsgrad

Doppelakzentuierung verbessert bei hochgradiger Ausprägung die Klassifizierungsgüte gegenüber Einzelakzentuierung signifikant; bei mäßiger Ausprägung (5 : 1) ist die Verbesserung nur unsignifikant größer als bei Einzelakzentuierung.

Unterschiedlich starke Akzentuierung führt also zu qualitativ (Verbesserung vs. Verschlechterung) und quantitativ verschiedenen Auswirkungen auf die Klassifizierungsgüte. Diese Unterschiede zwischen den Akzentuierungsgraden sind abhängig vom Ähnlichkeitsabstand der akzentuierten Objekte vom Prototyp: Sie sind signifikant bei Prototyp- und Mittelobjektsakzentuierung, aber nicht signifikant bei Akzentuierung des Randobjekts allein oder zusammen mit dem Prototyp (vgl. Abb. 5).

4.3. Akzentuierung und Verteilung richtiger Klassifikationen über den Klassenspielraum

Wir hatten festgestellt: Häufigkeitsakzentuierung verändert die Klassifikationsgüte der akzentuierten und nicht akzentuierten Klassenmitglieder; die Ausgeprägtheit dieser Veränderungen ist abhängig vom Ähnlichkeitsabstand der akzentuierten Objekte, vom Prototyp und vom Akzentuierungsgrad.

Damit entstehen beim häufigeren Auftreten verschiedener Objekte insgesamt unterschiedliche Profile der Klassifizierungsgüte über dem Klassenspielraum. Die Abbildungen 2 und 3 zeigen übereinstimmend:

– Akzentuierung des Randobjekts ergibt ein spiegelbildliches, rechtsgipfliges Profil der Klassifizierungsgüteveränderungen gegenüber dem linksgipfligen bei Akzentuierung der Prototypen ($r_S = -0{,}58$; signifikant bei $p = 0{,}05$ für 11 : 1 = Akzentuierung).
– Akzentuierung eines Objekts mit mittlerem Ähnlichkeitsabstand zum Prototyp führt zu einer umgekehrt U-förmigen Verteilung richtger Klassifikationen.
– Gleichzeitige Akzentuierung von Prototyp und Randobjekt führt zu Verbesserungen der Klassifizierungsgüte über der gesamten Klassenbreite. Diese sind größer als die Summe der beiden Einzelwirkungen.

4.4. Akzentuierungswirkungen und Klassenverankerung

Welche Wirkung hat die Kenntnis der Prototypen? Die Untersuchungen erfolgten bei starker Akzentuierung für ein anderes Kollektiv als in Abbildung 5.

Auch bei Kenntnis des Prototyps jeder Klasse wird die Klassifizierungsgüte der akzentuierten Objekte verbessert, die der nicht akzentuierten verschlechtert. Jedoch ist die Verschlechterung bei Vorgabe der objektiven Prototypen geringer als ohne diese Vorgabe (Abb. 6). Dies gilt unabhängig vom Ähnlichkeitsabstand des häufigkeitsakzentuierten Objekts vom Prototyp (signifikant im Vorzeichentest bei $p = 0{,}05$ für Akzentuierung des Prototyps und des Randobjekts).

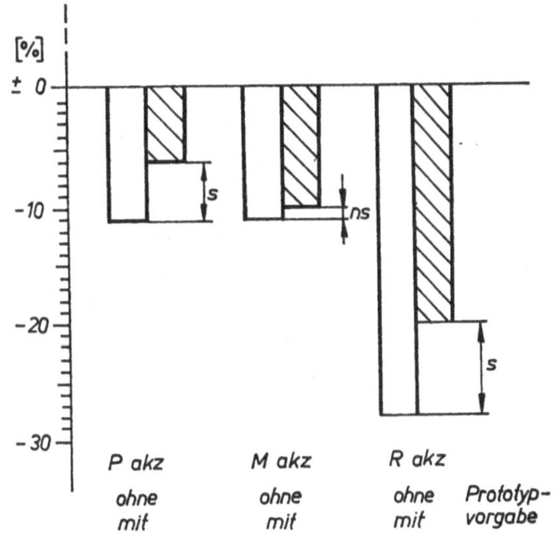

Abb. 6. Veränderung der Klassifizierungsgüte gegenüber gleichhäufiger Darbietung für nichtakzentuierte Objekte in Abhängigkeit vom Ähnlichkeitsabstand des akzentuierten Objekts vom Prototyp und vom Vorgeben der objektiven Prototypen jeder Klasse

4.5. Einfluß der Akzentuierung auf die Wahl klassentypischer Objekte

Nach den Versuchen mit sukzessiver Darbietung der zu klassifizierenden Objekte wurden allen Vpn nochmals sämtliche Objekte, nunmehr aber gleichzeitig, auf Kärtchen vorgelegt. Sie erhielten dazu zunächst den Auftrag, das für jede Klasse typischste Objekt herauszusuchen.

Abbildung 7 zeigt die Ergebnisse: Zunächst ist auffällig, daß auch bei gleich häufiger Darbietung keineswegs die objektiven Prototypen bevorzugt als typische Klassenvertreter gewählt wurden. In 86% der Fälle wurden andere Objekte als

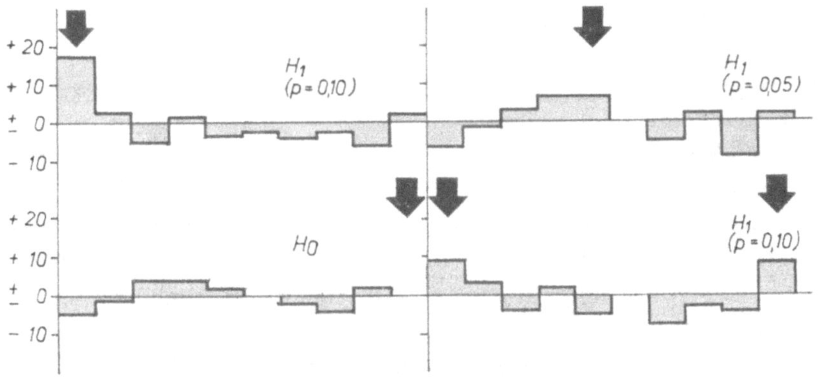

Abb. 7. Verteilung der klassentypischsten Objekte in Abhängigkeit von *vorangehender* Häufigkeitsakzentuierung verschiedener Objekte (Differenzen gegenüber Wahl nach gleichhäufiger Darbietung; 11 : 1 und 5 : 1 zusammengefaßt)

der Prototyp als das typischste Objekt ausgewählt. Die Verteilung ist signifikant von einer Gleichverteilung verschieden. Es müssen also von den objektiven Bildungsregeln abweichende, subjektive Klassenrepräsentationen gebildet worden sein. Diese Frage wird hier nicht verfolgt. Vielmehr wird gefragt, ob die subjektiven Klassenvorstellungen durch Häufigkeitsakzentuierung verändert wurden:

Bis auf den Fall der Akzentuierung des Randobjekts liegen schwach signifikante Unterschiede in der Verteilung der ausgewählten typischen Klassenvertreter gegenüber einer Gleichverteilung vor. Das geht darauf zurück, daß häufiger jeweils die in den vorangehenden Hauptversuchen akzentuierten Objekte von den meisten Vpn als typisch gewählt werden. Ein Einfluß auf die Nachbarobjekte ist nur andeutungsweise bei Prototyp und Mittelobjekt erkennbar. Diese Veränderungen nach Akzentuierung führen allerdings nur zu wenig einheitlichen Resultaten. Selbst nach Prototypakzentuierung wird nur in knapp einem Drittel aller Fälle der objektive Prototyp als typischster Klassenvertreter ausgewählt. Bei Akzentuierung des Mittelobjekts wird dieses nur in 19% der Fälle als typisch gewählt.

5. Zusammenfassung und Diskussion der Ergebnisse

1. Die Versuchspersonen klassifizieren das konfigurale Material, indem sie ganzheitliche Eindrücke von Objekten zugrunde legen sowie hervorstechende Einzelmerkmale zu nutzen versuchen. Objekt- und Merkmalskodierung treten gemeinsam auf.

2. Eine Analyse nur der Klassen insgesamt, nicht der Einzelobjekte, ist unzureichend. Sie verdeckt gegensätzliche, einander aufhebende Effekte: Die Häufigkeitsakzentuierung verändert den Anteil zutreffender Klassifikationen und (was in der Ergebnisdarstellung wegen der gleichläufigen Befunde nicht ausgeführt wurde) die Klassifizierungszeit nicht nur für die akzentuierten, sondern auch die nicht akzentuierten Objekte.

3. Bei gleich häufigem Auftreten aller Objekte besteht ein monotoner Abfall des Anteils richtiger Klassifizierungen mit dem Ähnlichkeitsabstand der Objekte vom Prototyp. Das belegt für ein Mehrklassenproblem mit konfiguralem Material und überlappenden Klassen, daß auch hier kategoriale oder klassenspezifische Ähnlichkeiten ausgebildet werden.

Die Häufigkeitsakzentuierung verändert diese Zugehörigkeitsfunktion über den Klassenspielraum hinsichtlich ihrer Richtung (steigend bzw. fallend), ihres Typs (monoton bzw. biton) und ihrer Steigung je nach dem Ähnlichkeitsabstand des akzentuierten Objekts, der zu beurteilenden nicht akzentuierten Objekte sowie nach dem Akzentuierungsgrad. Dabei treten auch spiegelbildliche Umkehrungen der Zugehörigkeitsfunktion auf.

4. Die akzentuierten Objekte werden von der Klasse abgehoben und identifiziert sowie zutreffender und mit geringerem Zeitaufwand klassifiziert. Diese Verbesserungen sind in ihrer Größe abhängig vom Ähnlichkeitsabstand des akzentuierten Objekts zum Prototyp (A – P) und vom Akzentuierungsgrad (A_G).

5. Die Veränderungen bei den nicht akzentuierten Objekten sind in Richtung und Größe abhängig vom Akzentuierungsgrad, dem Ähnlichkeitsabstand (A – P) sowie dem Ähnlichkeitsabstand des nicht akzentuierten Objekts zum Prototyp (X – P).

6. Zwischen Akzentuierungsgrad und Ähnlichkeitsabstand (A – P) bzw. (X – P) bestehen Wechselwirkungen. Beide Bedingungen sind in ihrer Auswirkung auf die Klassifizierung kompensierbar: Bei kleinem Ähnlichkeitsabstand zum Prototyp ist zum Erzielen gleicher Leistungsverschlechterung eine stärkere Akzentuierung erforderlich als bei großem.

7. Im Falle nicht akzentuierter Objekte ist die Bedingung (X – P) abhängig von der Bedingung (A – P): Gleich große Ähnlichkeitsabstände vom akzentuierten Objekt haben unterschiedliche Wirkungen auf die Klassifizierungsgüte in Abhängigkeit vom Ähnlichkeitsabstand des akzentuierten Objekts vom Prototyp.

8. Verschiedenartige Akzentuierungen unterscheiden sich in der Richtung (Verbesserung bzw. Verschlechterung) und der Größe der Auswirkungen auf das Klassifizieren.

9. Akzentuierungsbedingte Veränderungen der Zugehörigkeitsfunktion sind bei Kenntnis der objektiven Prototypen gleichfalls vorhanden, jedoch geringer ausgeprägt.

10. Durch Akzentuierung werden die Vorstellungen über typische Klassenvertreter verändert. Vorher akzentuierte Objekte werden häufiger als typische Klassenvertreter benannt.

Wie sind diese Befunde zu erklären? Die Aussagen der Vpn machen wahrscheinlich, daß die zu klassifizierenden Objekte zunächst verglichen werden mit Repräsentationen der gehäuft auftretenden und daher bevorzugt eingeprägten und identifizierten Einzelobjekte. Obgleich die akzentuierten Objekte identifiziert werden, hat ihre Häufigkeit Einfluß auf die entstehenden Klassen.

Jedoch kann die Zuordnung nicht allein durch Vergleich mit Repräsentationen identifizierter Einzelobjekte erfolgt sein, sondern sie ist durch Klasseneigenschaften modifiziert. Das folgt aus den ermittelten Abhängigkeiten von den Ähnlichkeitsabständen des akzentuierten sowie des zu klassifizierenden Objekts zum Klassenzentrum und aus der Wirksamkeit der Prototypvorgaben. Die berücksichtigten Klasseneigenschaften betreffen die Klassengröße kombiniert mit dem Klassenspielraum. Das folgt aus früheren Resultaten zur Vorgabe von Prototypen und Randobjekten [ ].

Die entstehende interne Repräsentation hat demzufolge in mehrfacher Hinsicht eine relationale Struktur:

- Klassenrepräsentationen betreffen die Klassenmitten, bezogen auf den Klassenspielraum.
- Objekte werden klassifiziert in Abhängigkeit von ihrem Abstand zu den am besten identifizierten Objekten.
- Die am besten identifizierten Objekte sind gleichfalls wirksam in Abhängigkeit von ihrer Stellung innerhalb des Klassenspielraums.

Welche Vorgehensweisen können unter Beachtung dieser relationalen Repräsentation vorliegen? Prinzipiell bestehen folgende Möglichkeiten:

1. Identifizieren aller Objekte; Klassifizieren durch einen erschöpfenden Ähnlichkeitsvergleich. Ein Grenzfall ist das Identifizieren einzelner Objekte und Interpolieren beim Zuordnen der übrigen.
2. Klassifizieren durch Vergleich mit einem am besten identifizierten Objekt.
3. Klassifizieren durch Vergleich mit einem Objekt, das die Klassenmitte verkörpert.
4. Klassifizieren durch Vergleich mit gemittelten Prototypen. Hierbei sind Unterschiede möglich:

a) Vergleich mit einem gemittelten Prototypobjekt, zu erwarten bei integralen und konfiguralen Dimensionen
b) Vergleich mit herausanalysierten typischen Merkmalsausprägungen, zu erwarten bei separablen Dimensionen.

Wegen der großen Objektanzahl kommt in unserem Falle nur eine Repräsentation durch Vertreter in Frage. Dabei liegen Hinweise auf eine nichtmodale Prototypbildung vor: Das akzentuierte Objekt wird mit seiner Häufigkeit berücksichtigt. Da die Aussagen andererseits aber auf einen Vergleich mit den durch ihre Häufigkeit hervorgehobenen Objekten verweisen, könnte ein 2stufiger Prozeß vorliegen. Nach anfänglichem Vergleich mit dem am besten identifizierten Objekt bildet sich ein gemittelter Prototyp als Grundlage der Klassifizierung. Im Falle von mehreren Klassen dürften beide Vorgänge nebeneinander in Abhängigkeit vom Lernstadium bestehen. Bei beiden tritt neben dem globalen Objektvergleich nach Ähnlichkeit auch ein Vergleichen nach hervorstechenden Einzelmerkmalen auf. Somit liegen wenigstens bis zur vollständigen Ausbildung aller Prototypen insofern Mischstrategien vor, als parallel das Klassifizieren durch Vergleichen mit unterschiedlichen Arten von Klassenvertretern erfolgt. Das Hervortreten von Objekten als Klassenkernen durch ihre Häufigkeit ist nur ein Sonderfall des allgemeineren Sachverhalts der Identifizierung repräsentativer, leicht benennbarer und einprägsamer oder gehäufter oder bedeutsamer Einzelmitglieder von Klassen. Ein derartiges Vorgehen ist insofern effektiv, als das Erfüllen der Aufgabe mit verringertem kognitiven Aufwand ermöglicht wird: Der Vergleich mit einer Repräsentation für eine Klasse anstatt mit allen ihren Mitgliedern entlastet mit zunehmender Klassengröße das Langzeitbehalten mehr. Der Vergleich mit auffälligen Einzelobjekten entlastet vom Abstrahieren der Klasseneigenschaften, spart also kognitive Prozesse und Kurzzeitbehaltensoperationen ein. Wird für einige Klassen zunächst ein Vergleich mit auffälligen Einzelobjekten angewendet, so wird gerade damit kognitive Kapazität für den Prototypenaufbau bei anderen Klassen verfügbar.

Zusammenfassung

156 Versuchspersonen klassifizierten je 10 mehrdimensionale, integrale bzw. konfigurale Figuren ohne Rückmeldung in 6 einander teilweise überschneidende Klassen. Variiert wurde die Häufigkeit einiger Objekte (des Prototyps oder des für die Klasse am wenigsten typischen Objekts [Randobjekt] oder eines Objekts zwischen Prototyp und Randobjekt). Sie traten 5- bzw. 11mal häufiger auf als alle übrigen. Weiter wurde die Kenntnis der objektiven Prototypen variiert. Gefragt ist nach Eigenschaften der Gedächtnisrepräsentationen von den Klassen und der Vergleichsoperationen. Ausgewertet wird die Klassifizierungsgüte getrennt für die einzelnen Objekte. Die Häufigkeitsvariation verändert die Zugehörigkeitsfunktion der Objekte zu den Klassen hinsichtlich Richtung (steigend vs. fallend), Typ (monoton vs. biton) und Steigung in Abhängigkeit vom Ausmaß häufigeren Auftretens vom Ähnlichkeitsabstand des akzentuierten sowie des untersuchten nicht akzentuierten Objekts vom Prototyp. Wechselwirkungen dieser Einflüsse werden dargestellt. Das Klassifizieren beginnt bei den am besten identifizierten, hier den häufigsten Objekten und wird korrigiert an deren Ähnlichkeitsabstand vom Prototyp. Auf dieser Grundlage können für einige Klassen gemittelte, nichtmodale subjektive Prototypen gebildet werden. Mischstrategien mit der gleichzeitigen Nutzung subjektiver Prototypen und hervorgehobener Einzelobjekte können sich festigen. Ihr Vorteil ist die Verminderung des kognitiven Aufwands.

Summary

156 Ss were given the task to classify 10 multidimensional, integral or configurational figures without feedback into six partly overlapping classes. The experiment variated the frequency of certain objects (of the prototype, of the object which was least typical [marginal object]) or of an object between prototype and marginal object.) – These were given five respectively eleven times more frequently than all the other objects. Furthermore the knowledge of the objective prototypes was variated. It is the aim of this experiment to analyse the attributes of the representations of the classes and of the comparison operations in memory. The authors scored the classification errors separately for the different objects. The process of classification begins with those objects which can be best identified, in this case with the most frequent objects; it is correted under the aspect of their similarity – distance from the prototype. It is possible to generate in this way for some classes non-modal subjective prototypes. Using concurrently subjective prototypes and prominent single objects may lead to fixed mixed strategies. These strategies result in a decrease of cognitive expenditure.

Резюме

156 испытаемые классифицировали 10 многомерных, 10 интегральных и 10 конфигуральных фигюр в шесть клаесы, которые частигно пересекались, без обратного объявления. Произошла вариация частоты некоторых объектов: или прототипа или самого нетипичного объекта класса [„крайный объект“] или объекта между прототипом и крайным объектом. Они выступили или 5 или 11 раз чаще чем все остальные. Дальше варьировали и знакомство объективных прототипов. – Искали свойства репрезентаций в памяти от классов и операций сравнения. Оценили качество классификации отдельно для каждого объекта. – Вариация частоты изменяет функцию принадлежности обьектоб к классам в зависимости от направления (повыщаюшее/упадающее), от типа (монотонный/битонный) и от повышения относительно размера более чащего выступления в отношении к расстоянию сходства и акцентированного и рассматренного не акцентированного объекта от прототипа. Изображают взаимоотношения этих влияний. Классификация начинается с наилучше идентифицированными,

в этом случае чаще всего выступленными, объектами и иросчитает расстояние сходства этих объектов от прототипа.

На этой основе возможно осуществление средних немодальных, субъективных прототипов для некоторых классов. Смешанные стратегии с одновременном использованием субъективных прототипов и подчеркных отделных объектов укреляются. Преимущество состоит в снижении мысленного затрата.

Literatur

1. Aiken, L. S., Fenker, R. M., und Evans, S. H.: Class structure in the biasing of perceived pattern similarity. J. exper. Psychol. *103* (1974) 489–501.
2. Barresi, J., Robbins, D., und Shain, K.: Role of distinctive features in the abstraction of related concepts. J. exper. Psychol. *104* (1975) 360–368.
3. Blumenfeld, W.: Urteil und Beurteilung. Arch. ges. Psychol. III. Ergänzungsband, Leipzig 1931.
4. Bourne, L. E. jr., Ekstrand, B. R., Lovallo, W. R., Kellog, R. T., Hiew, C. C., und Yaroush, R. A.: Frequency analysis of attribute identification. J. exper. Psychol. *105* (1976) 294–312.
5. Bramley, P.: Equipment recognition training – learning wholes or individual features? Occupat. Psychol. *47* (1973) 131–140.
6. Friedman, A., und Bourne, L. E.: Encoding the levels of information in pictures and words. J. exper. Psychol. *105*/1976.
7. Garner, W. R.: Intraction of stimulus dimensions in concept and choice processes. Cognitive Psychol. *8* (1976) 98–123.
8. Geissler, H. G.: Probleme der Informationsverarbeitung bei Erkennungsprozessen. In: Psychologische Analysen geistiger Prozesse. Hrsg. Geißler, H.-G., und Klix, F. Berlin 1974.
9. Hacker, W.: Zur Effektivität unterschiedlicher Hypothesen beim Klassifizieren komplexer Muster. In: Organismische Informationsverarbeitung. Hrsg. Klix, F. Berlin 1974. S. 78–98.
10. Hacker, W.: Anforderungsabhängigkeit der Nutzung von hierarchischer Ordnung in Sequenzen. Z. Psychol. *185* (1977) 1–33.
11. Homa, D., Cross, J., Cornell, D., Goldman, D., und Schwartz, S.: Prototype abstraction and classification of new instances as a function of number of instances defining the prototype. J. exper. Psychol. *101* (1973) 116.
12. Klix, F.: Information und Verhalten. Berlin 1971.
13. Kukla, F.: Bedingungen für die Ausbildung und Ausprägung unscharfer Begriffe. Kybernetik-Forschung, Bd. 5. Berlin 1974.
14. Kukla, F.: Experimentalpsychologische Analyse von Diagnoseprozessen. Z. Psychol. *183* (1975) 233–268.
15. Lomow, B. F.: Über die Struktur des Wiedererkennungsvorgangs. XVIII. Internationaler Kongreß für Psychologie, Symp. 16. Moskau 1968. S. 143 (russ.).
16. Matern, B.: Mentale Repräsentation funktioneller Beziehungen – Beschaffenheit, Entstehung, Funktion. Dissertation B. Naturwissenschaftlich-mathematische Fakultät TU Dresden 1976.
17. Nelson, D. L., und Reed, V. S.: On the nature of pictorial encoding: a levels – of processing-analysis. J. exper. Psychol. *2* (1976) 49–57.
18. Parducci, A., und Perrett, L. F.: Category rating scales: effects of relative spacing and frequency of stimulus values. J. exper. Psychol. *89* (1971) 427–452.
19. Quaas, P.: Strategien bei der Klassifizierung mehrdimensionaler Objekte. 4. Kongreß der Gesellschaft für Psychologie, Leipzig 1975.
20. Quaas, W.: Task dependence of the effect of standards on the perception of a series of objects. In: Advances in psychophysics. Hrsg. Geißler, H.-G., und Sabrodin, W. Berlin 1976, S. 289–308.

21. SHEKTER, M., und POTAPOWA, A. I.: Vergleichende Studie verschiedener Identifizierungsverfahren. XVIII. Internationaler Kongreß für Psychologie, Symp. 16. Moskau 1968. S. 197 (russ.).
22. STROBEL, R.: Zur Analyse des Erwerbs unscharfer Begriffe. Psychologische Analysen geistiger Prozesse. Hrsg. Klix, F. Berlin 1974.
23. WOLFF, J. G.: Frequency, conceptual structure and pattern recognition. Brit. J. Psychol. *76* (1976) 377–390.

Anschrift der Verfasser:
Prof. Dr. rer. nat. habil. WINFRIED HACKER,
Technische Universität Dresden,
Sektion Arbeitswissenschaften,
Wissenschaftsbereich Psychologie,
DDR – 8027 Dresden,
Mommsenstr. 13

Aus dem Zentralinstitut für Arbeitsmedizin der DDR

Psychodiagnostik bei der Erfassung neurotoxischer Wirkungen chemischer Schadstoffe

Von H. Schneider und A. Seeber

Mit 2 Abbildungen

1. Einführung

In der Industrie und Landwirtschaft werden zahlreiche chemische Stoffe eingesetzt, produziert oder als Zwischenprodukt verarbeitet, die toxische Substanzen enthalten. Nicht immer ist es möglich, durch Maßnahmen der Arbeitsgestaltung und Arbeitsorganisation die Technologie so zu beeinflussen, daß schädliche Einflüsse dem Werktätigen gegenüber ausgeschlossen werden. Deshalb ist die vorsorgende arbeitsmedizinische Betreuung dieser Werktätigen ein wichtiges Anliegen des sozialistischen Gesundheitswesens. Die notwendigen arbeitsmedizinischen Einstellungsuntersuchungen und die gesundheitliche Überwachung bestimmter Gruppen von Werktätigen in regelmäßigen Abständen wird nach gesetzlichen Anordnungen gestaltet [2]. Die Arbeitspsychologen des Betriebsgesundheitswesens übernehmen im Rahmen dieser Reihenuntersuchungen vor allem psychodiagnostische Aufgaben, die bei Einstellungsuntersuchungen eignungsorientiert und bei Überwachungsuntersuchungen stärker gesundheitsorientiert sind. D. h., die psychodiagnostischen Untersuchungen sind Bestandteil der prophylaktischen Untersuchungen zur Vermeidung berufsbedingter Gesundheitsschäden. – Bei der Untersuchung chemotoxisch exponierter Werktätiger steht für den Psychologen die neurotoxische Schadstoffwirkung im Vordergrund. Die erforderliche diagnostische Entscheidung muß sich auf eine theoretisch und empirisch begründbare Methodik stützen und valide sein. Der vorliegende Beitrag hat das Ziel, den Stand der Überlegungen zur methodologischen und methodischen Absicherung der psychodiagnostischen Untersuchungen auf diesem Gebiet und die Erfahrungen mitzuteilen, die im Sinne der Validierung der Methodik interpretierbar sind. Eine Übersicht über die arbeitspsychologischen Aufgaben im Rahmen der arbeitsmedizinischen Betreuung wird von Meister und Seeber [34] gegeben. – Die dem Beitrag zugrunde liegenden mehrjährigen psychologischen Untersuchungen wurden im Zentralinstitut für Arbeitsmedizin der DDR bzw. von Mitarbeitern des Instituts in Betrieben durchgeführt[1].

[1] An der Durchführung und Auswertung der Untersuchungen waren wesentlich Frau B. Path als psychologisch-technische Assistentin und Frau I. Dziemba beteiligt. Neben den Autoren waren als

2. Methodologische und methodische Voraussetzungen

Das Ziel der psychodiagnostischen Arbeit in dem umschriebenen Problembereich ist die Beurteilung und Begutachtung von Personen hinsichtlich möglicher Veränderungen von Erlebens-, Verhaltens- oder Leistungskomponenten der Persönlichkeit. Diese Veränderungen sollen auf berufliche Einflüsse, speziell auf die Wirkungen chemischer Schadstoffe im Produktionsprozeß, zurückzuführen sein. Prinzipiell ist bei der beschriebenen psychodiagnostischen Fragestellung zu bedenken, daß sie immer Bestandteil einer interdisziplinären Untersuchungsmethodik ist, zu der auch ein allgemeinmedizinischer, ein biochemischer und ein industrieneurologischer Befund gehören.

Diese diagnostische Beurteilung wird im folgenden unter 2 Gesichtspunkten betrachtet. Zunächst geht es um die Beschreibung der Informationen, die der Psychologe zur Beantwortung der diagnostischen Fragestellung braucht und um die Art seiner diagnostischen Klassifikationsleistung. Auf der Grundlage dieser Überlegungen sollen die methodischen Wege – einschließlich der Fehlerquellen – behandelt werden, die für die Zusammenstellung einer entsprechenden validen Methodik erforderlich sind.

2.1. Die diagnostische Fragestellung bei der Erfassung neurotoxischer Schadstoffwirkungen

Vom Psychologen wird erwartet, eine schadstoffbedingte Veränderung der Persönlichkeit zu erfassen. Dabei wird angenommen, daß er typische Schadstoffwirkungen im psychischen Bereich kennt. Für einen individuellen Fall ist zu entscheiden, ob das Bild der Gesamtpersönlichkeit oder einzelner Eigenschaftskomplexe den Symptomen der typischen Schadstoffwirkung ähnlich ist und ob es kausal darauf zurückzuführen ist. Dieser diagnostische Ähnlichkeitsvergleich hat viele Voraussetzungen, die meist in der Praxis nicht oder nicht ausreichend erfüllt sind. Dazu gehören

– Informationen zur Person:
  Kenntnis der Persönlichkeit ohne Schadstoffeinfluß (Ausgangszustand) und Kenntnis der normalerweise eintretenden alters- oder berufsbedingten Veränderungen der Person (Entwicklung ohne Schadstoffeinwirkung).
– Informationen zu den Expositionsbedingungen:
  Dauer, Stärke und Art der Schadstoffexposition einschließlich möglicher Kombinationseffekte (zusätzlich Lärm, Vibration oder mehrere Schadstoffe).
– Informationen zu den möglichen und typischen Schadstoffwirkungen:
  Kenntnis von Symptomen bzw. Syndromen der Schadstoffwirkung, die mit

---

Diplompsychologen H. KEMPE, H. BAUDACH und P. MARKS für die Untersuchungen zuständig: Dabei wurden Styrol-, Toluol- und sonstige Lösungsmittelexponierte von Herrn H. KEMPE und die Kohlenmonoxidexponierten von Frau H. BAUDACH betreut.

psychodiagnostischen Methoden erfaßbar sind sowie Differenzierung zwischen typischen, allgemeingültigen Syndromen und individualtypischen Besonderheiten.

– Informationen zur Validität der eingesetzten psychodiagnostischen Methoden: Kenntnis der Gütewerte des diagnostischen Urteils zur Festlegung der weiteren Maßnahmen.

Auf der Grundlage dieser Informationen kann eine begründete diagnostische Urteilsfindung stattfinden. Im günstigsten Fall könnten die Symptome der typischen Schadstoffwirkung als Profil diagnostischer Standardwerte in validen Tests dargestellt werden. Ein Vergleich zwischen dem Individual- und dem typischen Exponiertenprofil wäre dann unter Berücksichtigung der vorgenannten Informationen die Grundlage der diagnostischen Entscheidung. Dieses Vorgehen muß den individuellen Vergleich der Persönlichkeit vor und nach der Exposition ersetzen, da gewöhnlich diagnostische Befunde der Persönlichkeit vor der Exposition nicht vorliegen. Auch die Informationen über eine normale berufsbedingte Persönlichkeitsänderung sind nicht vorhanden. Die altersbedingten Veränderungen der Persönlichkeit werden in den Standardwerten der diagnostischen Verfahren berücksichtigt. Je ähnlicher die untersuchten Bereiche der Persönlichkeit dem typischen Exponiertenprofil sind, desto wahrscheinlicher ist eine vorliegende Schadstoffwirkung. Zu ihrer individuellen Begründung müssen Informationen über die individuellen Expositionsbedingungen herangezogen werden. Außerdem ist differentialdiagnostisch eine neurotische oder andere Auffälligkeit der Persönlichkeit auszuschließen, die evtl. dem Erscheinungsbild der Expositionswirkung ähnlich sein kann.

Auf der Grundlage der Gültigkeit des diagnostischen Urteils – beruhend auf der diagnostischen Validität der eingesetzten Verfahren und der richtigen individuellen Begründung – kann eine Empfehlung aus der Diagnostik abgeleitet werden. Dabei kommen in Frage:

Das Verbleiben in den Expositionsbedingungen, falls keine Auffälligkeiten feststellbar sind; ein Arbeitsplatzwechsel mit oder ohne Einleitung einer Verdachtsmeldung der Berufskrankeit; die Einleitung psychotherapeutischer Maßnahmen, falls entsprechende Befunde vorliegen. Durch gesetzliche Verordnungen sind Festlegungen gegeben, wann eine Wiedervorstellung des Werktätigen im Rahmen der Reihenuntersuchungen der Exponierten oder im Rahmen der Wiederholungsuntersuchungen bei Berentungen notwendig ist. Die Realisierung der genannten Empfehlungen beruht auf interdisziplinär begründeten Entscheidungen.

Alle Probleme der diagnostischen Fragestellung, die mit der sachlichen Begründung der Untersuchungsmethodik im Zusammenhang stehen, sollen im folgenden Abschnitt besprochen werden.

2.2. Die Validierung der psychodiagnostischen Methodik

Das Konzept der Methodenvalidierung muß einerseits die Forderungen der Konstruktvalidierung berücksichtigen und muß andererseits den Anforderungen der beschriebenen Fragestellung genügen.

Das Validierungsziel besteht in der diagnostischen Erfassung der Schadstoffwirkung. Der methodische Zugang ist prinzipiell möglich über die Erfassung vom Langzeit- und Kurzzeitwirkungen. Letztere beziehen sich auf stunden- oder tagesabhängige Wirkungen bei definierten Expositionsbedingungen und sind für die hier beschriebene Fragestellung weniger bedeutungsvoll. Die Analysen von Kurzzeitwirkungen werden bei der arbeitshygienischen und toxikologischen Begründung von MAK-Werten herangezogen. Dabei wird auch mit psychodiagnostischen Methoden gearbeitet.

Uns interessieren im folgenden Langzeitwirkungen, die mit epidemiologischen Methoden erfaßt werden. Dazu dienen Querschnitt- und Längsschnittstudien. In Querschnittstudien werden in einem umschriebenen Zeitabschnitt Stichproben mit definierten Expositionsbedingungen hinsichtlich der Schadstoffwirkung untersucht. Die Stichproben können bezüglich der Expositionsdauer und/oder der Expositionsstärke (einschließlich fehlender Exposition als Kontrollgruppe) und/oder der Expositionsart variiert werden.

In Längsschnittstudien werden Stichproben unter definierten Expositionsbedingungen mehrjährig wiederholt untersucht. Untersuchungsvariablen können wiederum Expositionsdauer, -stärke und -art sein. Eine Übersicht über die methodischen Besonderheiten und die Aussagemöglichkeiten dieser arbeitsmedizinischen Anwendungen der Epidemiologie bei chemischen Expositionen gaben BRÄUNLICH und Mitarb. [9] und HERNBERG [24].

Ziel der anfallenden Stichprobenvergleiche ist jeweils die Beschreibung von Unterschieden der Erlebens-, Verhaltens- und Leistungskomponenten der Persönlichkeit gemäß den Untersuchungsvariablen. Dabei stehen je nach Ansatz interindividuelle und/oder intraindividuelle Aussagen im Vordergrund.

Aus verschiedenen Studien soll sich dann die typische Symptomatik der neurotoxischen Schadstoffwirkung zusammenstellen und mit psychodiagnostischen Methoden erfaßbar machen lassen.

Dabei sind einige methodische Probleme zu beachten, die aus psychologischer Sicht als Einflußfaktoren bzw. mögliche Fehlerquellen mit zu bedenken sind:

- Wenn die Expositionsdauer Untersuchungsvariable ist, muß ein die Schadstoffwirkung überlagernder Alterseinfluß bedacht werden. Einige der psychischen Leistungsvariablen, die schadstoffspezifisch reagieren (z. B. Wahrnehmungsgeschwindigkeit), verändern sich im Alter in der Richtung, die bei Schadstoffeinfluß anzunehmen ist.
- Langzeitige Expositionen sind in ihrer Stärke und Qualität schwer einzuschätzen. Bei Expositionszeiten von 15 und mehr Jahren ist ein Wechsel des Arbeitsplatzes,

der Arbeitsaufgaben oder der Technologie sehr wahrscheinlich. Damit werden die Expositionsbedingungen verändert und die teilweise exakten Messungen der Expositionsstärke am aktuellen Arbeitsplatz haben für frühere Arbeitsbedingungen keine Gültigkeit. Analysen der kombinierten Wirkung von Expositionsdauer und -stärke für Gruppen von Langzeitexponierten sind aus diesem Grund sehr problematisch.

– Geplante experimentelle oder Langzeitstudien unterliegen ethischen Grenzen. Experimentelle Untersuchungen sind auf Kurzzeitwirkungen gerichtet und werden meist innerhalb der MAK-Wert-Grenzen beim Menschen angelegt. Bei Langzeitstudien – Beobachtungen in geplanten Abständen an exponierten Stichproben unter betrieblicher Exposition – können durchaus schädigende Effekte beobachtet werden. In diesem Fall ist sofort ein Arbeitsplatzwechsel zu veranlassen. Die Person fällt für die Langzeitstudie zur Weiterverfolgung der Symptomatik aus. Es können dann Beobachtungen zur Reversibilität der Symptome gemacht werden.
– Ein schwieriges Problem ist die Zusammenstellung geeigneter Kontrollgruppen. Fehlende Exposition, Alters-, Bildungs- und Geschlechtshomogenität reichen als Stichprobenmerkmale nicht aus. Es sollte immer der Versuch unternommen werden, in bezug auf die ausgeübte Tätigkeit arbeitsanalytisch vergleichbare Merkmale anzustreben. Diese methodische Forderung ist selten einzuhalten, aber in Anbetracht der o. g. Voraussetzungen (Persönlichkeitsveränderungen infolge der Tätigkeit) mit zu bedenken.

Unter Berücksichtigung dieser Einflußfaktoren sind zur Behandlung der psychodiagnostischen Fragestellung Informationen zusammenzustellen. Sie betreffen die Kenntnis typischer Schadstoffwirkungen und davon ausgehend die Auswahl der psychodiagnostischen Verfahren, die valide Informationen über die Schadstoffwirkung liefern können. Anhand der Variabilität der Daten in den untersuchten Stichproben sind Grundlagen für die Validitätsaussagen zu gewinnen. Derzeitig befindet man sich national und international am Beginn der systematischen psychologischen Forschung auf diesem Gebiet.

Mit den genannten Problemen sind keineswegs alle methodologischen und methodischen Fragen angesprochen. Es ist z. B. an ein geeignetes Konzept der Persönlichkeitsstruktur und -dynamik zu denken, das nicht nur den Gedanken der passiven Schädigung oder Beeinträchtigung zuläßt, d. h. negative Wirkungen in den Vordergrund stellt. Nach dem Wechselwirkungskonzept zwischen Person und Umwelt in der Persönlichkeitsentwicklung sind aktive, korrigierende und kompensierende Mechanismen der Persönlichkeit im Prozeß der neurotoxischen Schadstoffwirkung anzunehmen, die wir nicht kennen. Ein anderes, aber damit zusammenhängendes Problem ist die individuelle Disposition zur Schadstoffunverträglichkeit. Sie ist aus empirischen Untersuchungen im biochemischen Bereich bekannt (z. B. Zusammenhang Fettstoffwechsel – Toluolwirkung) und kann durchaus im ZNS eine Entsprechung haben, die sich auch psychodiagnostisch sichtbar machen läßt.

Welche psychologischen Bereiche der Persönlichkeit für die Erfassung der Schadstoffwirkung in Frage kommen, wird im folgenden aus der Literatur abgeleitet.

3. Diagnostische Untersuchungsansätze

Ansätze und Ergebnisse psychodiagnostischer Querschnittuntersuchungen an chemotoxisch exponierten Werktätigen sind im Bereich der Kunstseidenindustrie der DDR seit 1965 bekannt [23, 17, 25, 21, 22].

Diese Untersuchungen wurden aufgrund der gesetzlich vorgeschriebenen arbeitsmedizinischen Tauglichkeits- und Überwachungsuntersuchungen notwendig. Beschäftigte der Kunstseidenherstellung auf Viskosebasis sind gegenüber Schwefelkohlenstoff (CS_2) exponiert und gehören damit zu einer untersuchungspflichtigen Expositionsgruppe. Die Verwendung psychodiagnostischer Verfahren ergab sich aus der Beobachtung, daß psychische Veränderungen zu den wesentlichsten Folgeerscheinungen der chronischen CS_2-Exposition gehören und daß diese subjektiven psychischen Beeinträchtigungen auftreten, bevor ein medizinisch-klinischer Befund objektivierbar ist. Neben der gesundheitlichen Betreuungsaufgabe war das Anliegen dieser Untersuchungen, ob und inwieweit bei CS_2-Exposition im Bereich der MAK-Werte (maximale Arbeitsplatzkonzentration)[2] psychische Veränderungen nachweisbar sind. Die zunächst nur subjektiv erfaßten Angaben der Werktätigen bezogen sich im wesentlichen auf Konzentrations- und Behaltensleistungen sowie auf den Antriebs- und Stimmungsbereich. Mit dem Ziel der Objektivierung dieser Angaben wurden folgende psychodiagnostische Verfahren eingesetzt:

Aufmerksamkeits-Belastungstest d 2 von BRICKENKAMP [10], Untertest Zahlennachsprechen aus dem IST von AMTHAUER [5], komplexe Konzentrationsprüfung mit dem Numerischen Quadrat, Fragebogen MMQ von EYSENCK und eine systematische Befragung. Die Ergebnisse dieser Untersuchungen belegten die hypothetisch angenommene Abhängigkeit des Grades der psychischen Beeinträchtigungen von der Intensität der CS_2-Exposition: beim Vergleich der Testergebnisse von zwei unterschiedlich hoch exponierten Probandengruppen (Exposition unterhalb des MAK-Wert-Bereiches bzw. im MAK-Wert-Bereich) mit einer Kontrollgruppe Nichtexponierter zeigte sich, daß bei den Verfahren zur Prüfung der Konzentration und der Behaltensleistung in der Gruppe der CS_2-Exponierten signifikant häufiger Leistungen unter dem Standardwert auftraten. Die Zunahme auffälliger Befunde mit der Expositionshöhe deutete sich an. Weiterhin wurde geprüft, ob sich geschlechtstypische Unterschiede in der Empfindlichkeit gegenüber CS_2 nachweisen lassen. Die Ergebnisse erbrachten signifikant mehr Befunde bei den im MAK-Wert-Bereich exponierten Männern als bei unterhalb des MAK-Wertes exponierten Frauen.

[2] Die maximale Arbeitsplatzkonzentration gibt an, wieviel mg eines Stoffes pro m^3 in der Luft am Arbeitsplatz enthalten sein dürfen, ohne daß nach dem derzeitigen Stand der Kenntnisse bei einer täglichen Arbeitszeit bis zu 8 $^3/_4$ h während des gesamten Berufslebens mit einer Schädigung der Gesundheit zu rechnen ist. Im Unterschied zu diesem MAK_D-Wert (Dauerkonzentration) gibt der MAK_K-Wert (Kurzzeitkonzentration) die während einer Zeitdauer von 30 min ermittelte maximal zulässige Durchschnittskonzentration an. Beide Werte müssen eingehalten werden.

Aus den Ergebnissen der Untersuchung ist eine generell geschlechtstypische Wirkung der CS_2-Exposition nicht anzunehmen. Insgesamt wurde geschlußfolgert, daß höhere psychische Leistungen aufgrund ihrer Störanfälligkeit als feinste Indikatoren für die Früherfassung von neurotoxisch bedingten Schädigungen geeignet sind. Hinsichtlich des Grades der Störanfälligkeit stand die Konzentrationsfähigkeit an erster Stelle, bei längerer Exposition gegenüber Schwefelkohlenstoff wurden auch intellektuelle und psychomotorische Störungen beobachtet.

Ausgehend von diesen Ergebnissen und als Ergänzung der fast ausschließlich leistungsdiagnostisch orientierten Methoden wurde von HERBIG [22] ein „Skalensystem zur Befindlichkeitserfassung CS_2-Exponierter" entwickelt und erprobt. In Form von 4 Skalen werden die Bereiche Emotion, Wille, Gedächtnis und Konzentration erfaßt. Mit Hilfe eines geeigneten Bewertungsmodus konnten Exponierte von Nichtexponierten getrennt werden.

Im internationalen Schriftum existieren seit 1960 in zunehmendem Maße Veröffentlichungen über psychodiagnostische Untersuchungen bei chemotoxisch Exponierten. In der Regel wurden einzelne psychische Komponenten untersucht, von denen man annahm, daß sie feinste Indikatoren für beginnende Vergiftungserscheinungen sind. Dabei handelte es sich um Komponenten der Aufmerksamkeit, der Konzentration und des Gedächtnisses. So untersuchte MÜNCHINGER [35] 300 Arbeiter, die gegenüber organischen Lösungsmitteln exponiert waren, mit verschiedenen psychologischen Prüfverfahren und fand charakteristische Veränderungen im Denkablauf, im Gedächtnisbereich und in der Affektivität, die er insgesamt als Symptome eines organischen Psycho-Syndrom bezeichnet. DANIEL [11] untersuchte den Einfluß von Blei, Trichloräthylen und Kohlenoxid auf psychische Leistungen und erhielt Hinweise auf qualitativ unterschiedliche psychische Beeinträchtigungen bei chronischen im Gegensatz zu akuten Intoxikationen. Beim Vergleich von 2 Gruppen CS_2-Exponierter mit unterschiedlicher Expositionsintensität fand FOA [13] unter Berücksichtigung von Alter, Expositionsdauer und Intelligenzniveau signifikante Unterschiede bezüglich ausgewählter psychischer Leistungen und Persönlichkeitsveränderungen.

Einen – durch die Verwendung einer Testbatterie – umfassenderen Ansatz legte HÄNNINEN [18, 19] vor. Dieser Ansatz verdient insofern Beachtung, als hier nicht nur die Wirkung von Schwefelkohlenstoff (die bis zu diesem Zeitpunkt vorrangig überprüfte Expositionsart), sondern auch der Einfluß von Blei und verschiedenen Lösungsmitteln auf Leistungs- und Persönlichkeitsmerkmale untersucht wurde. Die im Institut für Berufskrankheiten Helsinki entwickelte Testbatterie [20] umfaßt psychodiagnostische Verfahren zur Prüfung der intellektuellen Leistungsfähigkeit, des visuellen Gedächtnisses, der visuellen Gestaltungsfähigkeit, der Vigilanz, des psychomotorischen Verhaltens, der Handgeschicklichkeit und der Emotionalität. Bei Anwendung dieser Testbatterie konnte u. a. eine Gruppe von Probanden mit CS_2-Intoxikation von einer Gruppe ohne Intoxikation (aber mit CS_2-Exposition) bzw. einer Kontrollgruppe Nichtexponierter diskriminanzanalytisch getrennt werden. Dabei zeigte sich, daß die Testprofile der beiden erstgenannten

Gruppen unterschiedlich verlaufen, und es konnte geschlußfolgert werden, daß die Syndrome der klinisch manifesten und der latenten CS_2-Vergiftung sich nicht nur hinsichtlich der Intensität der Vergiftungserscheinungen, sondern auch hinsichtlich ihrer Qualität unterscheiden. Während die manifeste Vergiftung charakterisiert wird durch eine Herabsetzung der Vigilanz, der intellektuellen Aktivität, der rationalen Kontrolle sowie durch motorische Störungen, traten bei latenten Vergiftungen Symptome auf, die intellektuelle Beeinträchtigungen, depressive Stimmungen und leichte motorische Störungen anzeigen. Ähnliche Ergebnisse wurden in diesem Institut mit dem gleichen Methodenprogramm an Lösungsmittel-Exponierten gewonnen [32, 33]. Auch hier konnte mit Hilfe psychodiagnostischer Verfahren eine Gruppe von Werktätigen mit beruflichen Vergiftungen (Toluol, Tri- und Tetrachloräthylen, Styrol) von einer Exponiertengruppe ohne Vergiftungserscheinungen getrennt werden. Die größten Differenzen im Testergebnis ergaben sich bei zeitlich begrenzten visuellen und sensomotorischen Anforderungen. Die Leistungen einer zum Vergleich herangezogenen CS_2-Gruppe lagen deutlich unter den Werten der Lösungsmittelgruppe.

HÄNNINEN und LINDSTRÖM [20] schlußfolgern, daß durch den Einsatz psychodiagnostischer Methoden in der Industrietoxikologie Aussagen über Dosis-Wirkungs-Beziehungen zwischen Exposition und Verhaltensänderung und frühdiagnostische Befunde beruflicher Intoxikationen gewonnen werden können.

Parallel zu diesen epidemiologischen Studien bei der Überprüfung von Langzeitwirkungen – unter Berücksichtigung der Untersuchungsvariablen Expositionsart und Expositionsstärke – wird experimentell der Nachweis von Kurzzeitwirkungen chemischer Substanzen untersucht. Entsprechende Ansätze und Untersuchungsergebnisse wurden u. a. von GAMBERALE und Mitarb. [16], O'DONNEL und Mitarb. [36], FERGUSON, VERNON [11] und FODOR, WINNEKE [15] erarbeitet. Unter Beachtung der bei derartigen Experimenten erforderlichen ethischen und technischen Bedingungen werden die Probanden gegenüber verschiedenen industriellen Lösungsmitteln wie Toluol, Styrol, reinem Alkohol, Methylchlorid bzw. gegenüber Kohlenmonoxid exponiert. Meist stützen sich die gewonnenen Aussagen auf psychophysiologische Funktionsprüfungen, wie Flimmerverschmelzungsfrequenz, einfache und Wahlreaktionszeiten und Vigilanzleistungen. Die Programme werden häufig ergänzt durch Prüfungen des Gedächtnisses, der Aufmerksamkeit und Feinmotorik. Zusammenfassende Darstellungen von epidemiologischen und experimentellen Untersuchungen zum Problem sind, wenn auch nicht nur psychologisch orientiert, bei FODOR [14], KOELSCH [30] und WEISS und LATIES [43] zu finden.

Wenn man aus der Literatur und aus den eigenen Untersuchungen die Erfahrungen zusammenfaßt, dann können folgende psychische Veränderungen beschrieben werden:

In einem relativ frühen Expositionsstadium werden funktionelle Störungen beobachtet. Diese werden von den Betroffenen als Beeinträchtigungen des Leistungsvermögens und des Befindens subjektiv erlebt. Hinsichtlich des Leistungsvermögens betrifft das vorrangig die Bereiche Konzentration und Aufmerksamkeit bzw. Gedächtnis, es werden aber auch Beeinträchtigungen des logischen Denkvermögens, der Sensomotorik und der Wahrnehmungsgeschwindigkeit angegeben. Die subjektiv erlebten Befindensveränderungen beziehen sich auf Interessenlosigkeit und Antriebsmangel sowie auf Symptome, die sich am ehesten unter dem Begriff der psychovegetativen Dysregulation zusammenfassen lassen:

Nervosität im Sinne einer erhöhten psychosomatischen Störbarkeit und emotionale Labilität, die durch erhöhte Reizbarkeit und Erregbarkeit, erhöhte Irritierbarkeit und depressive Tendenzen zum Ausdruck kommt.

Ausgehend von diesen Kenntnissen über Störungen der Leistungsfähigkeit und des Befindens sowie von den Untersuchungserfahrungen anderer Autoren wurde im Zentralinstitut für Arbeitsmedizin der DDR ein psychodiagnostisches Untersuchungsprogramm zusammengestellt. Dabei wurde angestrebt, alle für unsere Fragestellung relevanten Leistungs- und Persönlichkeitsbereiche zu erfassen. Das bedeutet, entsprechend der o. g. Fragestellung, möglichst breite Informationen über die

Tabelle I. Zusammenstellung der eingesetzten psychodiagnostischen Methoden (mit * bezeichnete Methoden waren Bestandteile der neurologischen Untersuchung

Untersuchungsbereich	Anforderung	Verfahren
Intellektuelles Verhalten	logisches Denken; Worteinfall- und -flüssigkeit;	*LPS*, *UT* 3, 4 [26]; *LPS*, *UT* 5, 6
	Zahlen durch Symbole* ersetzen	HAWIE, UT Zahlensymboltest [8]
Konzentration/Aufmerksamkeit	Durchstreichtest; Karten nach Merkmalen sortieren	d 2 [10]; KVT [4]
Gedächtnis	Zahlen reproduzieren;	HAWIE, UT Zahlen nachsprechen [8];
	Gesichter, Sätze, Zahlen nach Lernen wiedererkennen;	Gesichter, Sätze, Zahlen (STRÜMPER nach [28]);
	Begriffe aus Wortklassen nach Lernen wiedererkennen	IST, UT Merkfähigkeit [5]
Optische Wahrnehmung	Schwelle der Wahrnehmungsgeschwindigkeit (5 Ziffern erkennen);	Tachistoskop;
	Zeichen nach tachistoskopischer Darbietung reproduzieren;	tachistoskopische Wahrnehmungsprobe TAWAPRO [37];
	Interferenz für Farben und Worte	Stroop-Test [42]
Sensomotorik	Wahlreaktion;	Wiener Determinationsgerät;
	Wahlreaktion und Reaktionszeitmessung;	MRK 432;
	feinmotorische Geschwindigkeit und Genauigkeit (Klopfen, Zielen);	Tappinggerät [6];
	Handfertigkeit, Klötzer drehen*	Santa Ana Test [20]
Persönlichkeitsmerkmale	9 Dimensionen;	FPI [44];
	Beschwerdenerfassung zur Neurosediagnostik	BEB [27]

Persönlichkeit zu erhalten. Sie dienen dazu, Symptome der typischen Schadstoffwirkung zu erfassen und andererseits Bereiche der Persönlichkeit kennenzulernen, bei denen eine Veränderung durch Schadstoffexposition wenig wahrscheinlich ist. Dazu gehört z. B. eine Information zur intellektuellen Leistungsfähigkeit und die differentialdiagnostische Abgrenzung gegenüber neurotischen Entwicklungen der Persönlichkeit. Tabelle I gibt eine Übersicht über die von uns eingesetzten psychologischen Untersuchungsverfahren.

Aus diesem Methodeninventar wurden für verschiedene Untersuchungszwecke (Betriebsuntersuchung, Untersuchung im Institut) Programme zusammengestellt. Die in der linken Spalte stehenden Untersuchungsbereiche wurden in jedem Fall mit mindestens einem Verfahren erfaßt.

4. Ergebnisse

4.1. Nachweis der Expositionsstärke in psychodiagnostischen Ergebnissen

Der Nachweis von unterschiedlichen Leistungen in psychodiagnostischen Untersuchungen in Abhängigkeit von der Expositionsstärke stützt sich auf die methodischen Überlegungen im Abschnitt 2.2. Grundsätzlich wird von der Annahme ausgegangen, daß mit zunehmender Schadstoffmenge in der Raumluft deutlichere Beeinträchtigungen psychischer Leistungen oder der Befindlichkeit zu beobachten sind. Dabei wird eine monotone Beziehung des Dosis-Wirkungszusammenhanges vorausgesetzt. Wieweit das für alle Schadstoffe gilt (z. B. aktivierende Rauschzustände bei bestimmten Lösungsmitteln), kann derzeitig noch nicht diskutiert werden. Befunde bei Veränderungen der Nervenleitgeschwindigkeit deuten auf Abweichungen im Sinne einer Beschleunigung (Irritation) und danach im Sinne einer Verlangsamung (paralytisches Stadium) hin, so daß in diesem Untersuchungsbereich die aus psychologischer Sicht angenommene monotone Beziehung nicht nachweisbar ist.

Um eine Übersicht zu Erfahrungen aus psychologischer Sicht zu geben, wurde Tabelle II zusammengestellt. Aus Reihenuntersuchungen (RU) und stationären Untersuchungen (StU) werden Belege dafür gegeben, daß mit Hilfe psychodiagnostischer Verfahren trennende Befunde zwischen Gruppen unterschiedlicher Expositionsstärke gefunden werden. Da es sich um verschieden eingebettete Untersuchungen handelt, sind die Zuordnungen der Expositionsstärke und die Datenebene für die statistischen Vergleiche nicht immer übereinstimmend.

Bei Untersuchungen von CS_2-, Toluol- und Styrolexponierten sind Belege dafür angegeben, daß mit zunehmender Expositionsstärke des Schadstoffes ungünstigere diagnostische Befunde auftreten. Bei den Reihenuntersuchungen von CO- und Perchloräthylenexponierten ließen sich keine bedeutsamen Differenzen nachweisen. Letzteres ist nicht auf die Schadstoffwirkung im allgemeinen zu beziehen, sondern gilt für die vorliegenden Untersuchungsbedingungen bezüglich der Expositionsstärke.

Die ausführlichere Analyse der Zusammenhänge bei der Untersuchung von Styrolexponierten wird im folgenden in Ergänzung der Tabelle II dargestellt. Sie soll methodische Möglichkeiten der Bearbeitung des Problems zeigen, und sie soll

Tabelle II. Übersicht zu Untersuchungsergebnissen mit psychodiagnostischen Verfahren zur Differenzierung zwischen Gruppen unterschiedlicher Expositionsstärke. Informationen in dieser und den Tabellen VI und VIII entstammen zum Teil den Forschungsberichten KEMPE [29], SCHNEIDER und Mitarb. [38,39]

Schadstoff	Untersuchungsanlaß	Stichproben: Hohe Exposition	Stichproben: Niedrige Exposition	Stichproben: Kontrollgruppe	Messung oder Zuordnung der Expositionsstärke	Psychodiagnostischer Befund	Statistische Absicherung
CS_2 (Viskoseherstellung)	RU	70 mg/m³ (durchschnittlich) $n=22$	24 mg/m³ (durchschnittlich) $n=23$		Dosimetermessung an einem Arbeitstag	Wahrnehmungsgenauigkeit und -geschwindigkeit (TAWAPRO), Feinmotorik (Tapping, Aiming), körperliche und psychische Beschwerden (BEB)	t-Test, Mittelwertvergleich ($p<0{,}1$)
	RU	$n=45$		$n=34$ Forstarbeiter		Gedächtnis (HAWIE) und Wiedererkennen	t-Test, Mittelwertvergleich ($p<0{,}05$)
	St.U	$n=73$		$n=33$ Freileitungsmonteure (altershomogen)		Wahlreaktion/Geschwindigkeit (Wiener Determinationsgerät), FPI-Skalen: Nervosität, emotionale Labilität, Depressivität, Erregbarkeit (Punktwerte Kontrollgruppe niedrig)	t-Test, Mittelwertvergleich ($p<0{,}05$)
CO (Kokerei und Elektrodenherstellung)	RU	55 mg/m³ $n=42$	55 mg/m³ $n=33$		wiederholte Messungen der mittleren Arbeitsplatzkonzentration, Prüfröhrchenmethode	keine bedeutsamen Unterschiede bezüglich der Expositionsstärke	
Toluol (Druckerei)	RU	$n=17$ Rolleure und Abnehmer	$n=35$ Tiefdrucker			weniger psychologische Befunde (4 Kategorien von unauffälliger bis deutlicher Abweichung) in Bereichen Konzentration, Gedächtnis,	χ^2 – Vergleich der Häufigkeit von 0 bis 6 Abweichungen von Norm ($p<0{,}001$)

						Wahrnehmung, Sensomotorik, Persönlichkeitsmerkmale bei Tiefdruckern	Kontingenzkoeffizient (korr.) $\frac{C}{C_{max}} = 0{,}698$
Perchloräthylen (Chemische Reinigung)	RU	300 mg/m³ $n = 37$	300 mg/m³ $n = 53$		wiederholte Messung der mittleren Arbeitsplatzkonzentration, Prüfröhrchenmethode	keine bedeutsamen Unterschiede bezüglich Expositionsstärke und Geschlecht	
Styrol (Polystyrolherstellung und -beschichtung)	RU	700 mg/m³ (durchschnittlich) $n = 35$	300 mg/m³ (durchschnittlich) $n = 46$	n = 37 Arbeiter und Angestellte des gleichen Betriebes	wiederholte Messung der mittleren Arbeitsplatzkonzentration, Prüfröhrchenmethode	Interferenz (Stroop), Intelligenz (LPS 3, 5, 6), Konzentration (d 2), Gedächtnis (HAWIE), Wahrnehmungsgenauigkeit und -geschwindigkeit (TAWA-PRO), Wahlreaktion (Wiener Determinationsgerät)	t-Test, Mittelwertvergleich zwischen 3 Gruppen ($p < 0{,}05$) t-Test, Mittelwertvergleich zwischen hoher/niedriger Exposition und Kontrollgruppe ($p < 0{,}05$ bzw. $p < 0{,}001$)
						siehe Text	Korrelation, multiple Korrelation, Diskriminanzanalyse, Faktorenanalyse

darauf hinweisen, daß unter verschiedenen Ansätzen nicht immer gleiche Ergebnisse nachweisbar sind.

Zunächst ist ergänzend zu den im Mittelwertvergleich trennenden Variablen zu erwähnen, daß im Bereich der Feinmotorik (Tapping, Aiming) und weiterer Variablen des Gedächtnisses (Wiedererkennen) keine signifikanten Mittelwertdifferenzen feststellbar sind. Ausgehend von den in der Tabelle als bedeutsam ausgewiesenen Untersuchungsmethoden wurden weiterführende statistische Analysen zur Präzisierung der Güteaussagen vorgenommen. Korrelationen zwischen der Expositionsstärke (3 Kategorien) und den Testwerten ergaben folgende Koeffizienten (n = 114).

Die Vorzeichen der Koeffizienten entsprechen den genannten Erwartungen der Richtung des Zusammenhanges. Die multiple Korrelation zwischen diesen psychologischen Variablen und der Expositionsstärke beträgt $r = 0{,}53$ nach der Wherry-Doo-

Tabelle III. Korrelationskoeffizienten zwischen Testwerten und der Expositionsstärke ($p < 0.01$; $r = 0.23$)

Psychodiagnostische Methode	Korrelations-Koeffizient
1. Stropp (t_1)	0,328
2. Stropp (f_3)	0,268
3. TAWAPRO (Exaktheit)	–0,287
4. d 2 (GZ – F)	0,337
5. HAWIE (Zahlen nachsprechen)	–0,219
6. Wiener Determinationsgerät (Menge)	–0,236
7. HAWIE (Zahlensymboltest)	–0,221
8. Santa Ana	–0,270

Tabelle IV. Klassifikationsergebnis einer Diskriminanzanalyse mit Variablenreduktion und Berücksichtigung der Apriori-Wahrscheinlichkeiten aufgrund von 22 psychologischen Variablen

Aus: In:	Hohe Exposition	Niedrige Exposition	Kontrollgruppe	
Hohe Exposition	18	17	0	35
Niedr. Exposition	6	38	2	46
Kontrollgruppe	0	3	34	37

little-Methode unter Einbeziehung der Variablen 4, 1, 8, 6, 7, 5, 3 in der genannten Reihenfolge. Eine Diskriminanzanalyse von 22 psychologischen Variablen zur Trennung der 3 Gruppen ergab folgende Fehlklassifikationen der Probanden (Tab. IV).

Es zeigt sich, daß Fehlklassifikationen fast ausschließlich bei der Klassifikation von Probanden zwischen den beiden Expositionsgruppen, aber nicht gegenüber der Kontrollgruppe auftraten. Der Gütewert von 23,7% Fehlklassifikationen ist durchaus akzeptabel, wenn man den Gewinn gegenüber der Zufallsklassifikation von 43% betrachtet. Die Rangreihe der Unentbehrlichkeiten der wichtigsten Klassifikationsvariablen zeigt keine volle Übereinstimmung zu den Ergebnissen in den t-Tests und den Korrelationsanalysen. In Tabelle II und V sind nicht die gleichen Variablen in allen Positionen genannt. Das Fragebogenergebnis im BEB weist im speziellen Fall auf Besonderheiten der Kontrollgruppe hin, denn entgegen der Hypothese weisen die stark Exponierten weniger Beschwerden auf. In der Diskriminanzanalyse wird dieses Ergebnis für die Differenzierung der Gruppen besonders stark (Unentbehrlichkeit) herangezogen.

Die in Tabelle V genannten Variablen waren auch Bestandteil einer Faktorenanalyse der wichtigsten neurologischen, biochemischen und psychologischen Variablen unter Einbeziehung der Expositionsstärke, des Alters und der Expositionsdauer. Als Ausschnitt dieser Analyse werden die signifikanten Ladungen eines „Faktors der psychodiagnostischen Variablen" in der Abbildung 1 dargestellt.

Neben diesen Faktorenladungen ist zum Verständnis der Bedeutsamkeit dieser Größen der Anteil der Ladung an der Kommunalität der Variablen angegeben. Die Werte von 13,9% bzw. 12,3% bei der Expositionsstärke und Expositionsdauer sind gegenüber den höchsten Anteilen von 78% bzw. 52,5% im „Faktor der Exposi-

Tabelle V. Unentbehrlichkeit der 8 wichtigsten psychologischen Variablen in der Diskriminanzanalyse zur Trennung von 3 Gruppen Styrol-Exponierte

1. BEB (Hypochondrie)	0,77
2. TAWAPRO (AO)	0,66
3. Gedächtnis: Zahlen wiedererkennen	0,46
4. Tapping 1	0,45
5. *d* 2 (GZ – F)	0,43
6. Tapping 2	0,40
7. Stroop (t_4)	0,30
8. Gedächtnis: Gesichter wiedererkennen	0,32

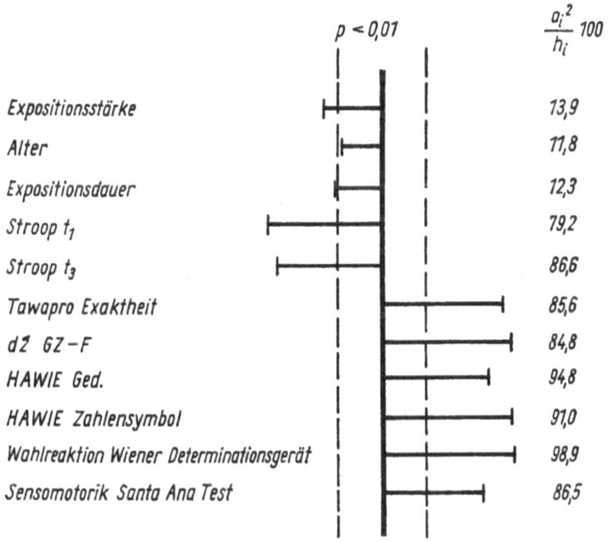

Abb. 1. Darstellung der bedeutsamen Ladungen eines Faktors der psychodiagnostischen Variablen in der Faktorenanalyse wesentlicher neurologischer, biochemischer und psychologischer Variablen. Weitere 11 Variablen (neurologische, biochemische) sind in diesem Faktor unbedeutsam (nach BARGMANN-Test)

tionstests“ zu vergleichen. Diese Tests messen die Ausscheidungsmenge von Mandelsäure und Phenylglyoxylsäure als Metaboliten des Styrols und sind nicht im Sinne der Erfassung von Langzeitwirkungen zu interpretieren. Unter Berücksichtigung dieses Ergebnisses sind die Ladungen der Expositionsstärke und -dauer im „Faktor der psychodiagnostischen Variablen“ durchaus als diagnostisch bedeutsam einzuschätzen. In den anderen Faktoren – bestimmt durch weitere biochemische und neurologische Variable – treten niedrigere Ladungsanteile der Variablen Expositionsstärke und -dauer auf [41].

4.2. Nachweis der Expositionsdauer in psychodiagnostischen Ergebnissen

Die Expositionsdauer ist als Variable für die Validierung der Methoden relativ leicht zugänglich. Es werden zu einem bestimmten Zeitpunkt der langjährigen beruflichen Exposition Querschnittsanalysen in einer Stichprobe von Exponierten unter Berücksichtigung der Expositionsdauer durchgeführt. Dabei wird von der Annahme ausgegangen, daß mit steigender Expositionsdauer eine meßbare Beeinträchtigung psychischer Leistungs- und Persönlichkeitsmerkmale einhergeht.

Bei der Beurteilung des Einflusses der Expositionsdauer auf psychische Variable ergeben sich einige methodische Schwierigkeiten (s. Abschn. 2.2.). Hauptproblem ist der Einfluß der Variable „Lebensalter“, der zu Veränderungen des psychischen Status in gleicher Art bzw. gleicher Richtung wie die Expositionsdauer führen kann. Bei der statistischen Überprüfung entsprechender Untersuchungen muß das Lebensalter deshalb eliminiert werden. Ein weiteres Problem ist die exakte Erfassung der Expositionsdauer an sich. Durch Arbeitsplatzwechsel (bei vorliegender Berufskrankheit oder prophylaktisch), Unterbrechung der Tätigkeit (bei Qualifizierung, NVA, u. ä.) oder Ausscheiden aus der Tätigkeit wird eine genaue Messung der Expositionsdauer nach Tätigkeitsjahren erschwert. Hinzu kommt, daß die Expositionsdauer immer in Kombination mit der Expositionsstärke zu sehen ist, letztere aber im Verlauf der Arbeitstätigkeit (über Jahre und Jahrzehnte) variiert.

Aus den genannten Gründen liegen uns nur für einige Untersuchungsgruppen (CS_2, Styrol) exakte Angaben über den Einfluß der Expositionsdauer auf den psychologischen Befund vor. Eine Übersicht wird in der Tabelle VI gegeben.

Es sei hier auf eine Besonderheit hingewiesen, die in den Angaben der Tabelle nicht enthalten ist. Nicht immer wird mit ansteigender Expositionsdauer eine ungünstige Veränderung der psychodiagnostischen Daten beobachtet. So zeigten sich in der CO-Gruppe bei einer mittleren Expositionsdauer (5 bis 10 Jahre) prozentual die wenigsten pathologischen Befunde, bei der geringsten Expositionsdauer (<5 Jahre) die meisten. Das letztgenannte Ergebnis weist eine Parallelität zu einer der erwähnten CS_2-Gruppen (stationäre Untersuchung) auf; auch hier ergaben sich bei einer mittleren Expositionsdauer (7 bis 14 Jahre) weniger Befundauffälligkeiten, d. h. höhere Werte in den psychologischen Leistungstests als in der Gruppe mit kurzer Expositionsdauer (<7 Jahre). Wenn auch diese Ergebnisse noch

Tabelle VI. Übersicht zu Untersuchungsergebnissen mit psychodiagnostischen Verfahren zur Differenzierung zwischen Gruppen unterschiedlicher Expositionsdauer

Schadstoff	Untersuchungsanlaß	Stichproben Hohe Expositionsdauer	niedrige Expositionsdauer	Psychodiagnostische Ergebnisse	Statistische Absicherung
CS_2 (Viskoseherstellung)	RU	>8 Jahre	<8 Jahre n=45	Gedächtnis (Wiedererkennen von Gesichtern)	t-Test, Mittelwertvergleich
				körperliche und psychische Beschwerden (BEB)	$p<0,05$
CS_2	RU	22 bis 28 Jahre	8 bis 14 Jahre $n=35$	Konzentration (d 2); Gedächtnis (HAWIE); Wahrnehmungsgeschwindigkeit (Tachistoskop); Nervosität (Skala 1 FPI)	t-Test, Mittelwertvergleich $p<0,01$
CS_2	St. U	durchschnittliche Expositionsdauer 14,1 Jahre $n=73$		Wahrnehmungsgeschwindigkeit (Tachistoskop) Gedächtnis (HAWIE)	partielle Korrelationskoeffizienten, Ausschluß des Lebensalters $p<0,01$
Styrol	RU	durchschnittliche Expositionsdauer 4,5 Jahre $n=81$		Wahrnehmungsinterferenz (Stroop); Wahrnehmungsgeschwindigkeit und -genauigkeit (TAWAPRO); Konzentration (d 2)	parritelle Korrelationskoeffizienten, Ausschluß des Lebensalters $p<0,01$
CO (Kokerei)	RU	3 Gruppen (<5 Jahre, 5 bis 10 Jahre, >10 Jahre) $n=72$		keine bedeutsamen Unterschiede zwischen den Gruppen	Häufigkeit von Normabweichungen im psychologischen Befund
Perchloräthylen (Chemische Reinigung)	RU	3 Gruppen (<5 Jahre, 5 bis 10 Jahre, >10 Jahre) $n=90$		keine bedeutsamen Unterschiede zwischen den Gruppen	Häufigkeit von Normabweichungen im psychologischen Befund

im statistischen Zufallsbereich liegen, so deutet sich hier doch eine Überlagerung des von uns untersuchten Sachverhaltes durch einen anderen Einflußfaktor an:

Ein Teil der Exponierten verläßt den Arbeitsplatz; wahrscheinlich der Teil der Stichprobe, der ungünstigere Voraussetzungen zur Kompensation der Expositionswirkung hat.

Als Ergänzung zur Tabelle VI soll am Beispiel der Styrol-Gruppe die oben erwähnte Problematik der Kombinationswirkung Expositionsdauer – Lebensalter erläutert werden. Statistisch ließen sich zunächst korrelative Zusammenhänge zwischen psychodiagnostischen Untersuchungsergebnissen und Expositionsdauer im Sinne der Erwartung nachweisen (Tab. VII, Spalte 1). Da diese Ergebnisse mit hoher

Tabelle VII. Korrelationskoeffizeinten zwischen Testwerten und Expositionsdauer (Spalte 1) sowie partielle Korrelationskoeffizienten unter Ausschluß des Lebensalters (Spalte 2) ($p<0,01$ $r=0,23$)

	1 Expositionsdauer	2 Partiell
1. Stroop (Zeit t_1)	0,222	0,237
2. Stroop (Fehler f_3)	0,205	0,199
3. TAWAPRO (Exaktheit)	–0,267	–0,248
4. *d* 2 (GZ – F)	–0,382	–0,365
5. HAWIE (Zahlen nachsprechen)	–0,178	–0,164
6. Wiener Determinationsgerät (Menge)	–0,086	–0,080
7. Santa Ana	–0,121	–0,114
8. HAWIE (Zahlensymboltest)	–0,254	–0,227

Wahrscheinlichkeit durch die Variable „Lebensalter" überlagert werden, mußte diese Variable durch Berechnung partieller Korrelationskoeffizienten statistisch eliminiert werden (Tab. VII, Spalte 2).

Auch nach Ausschluß des Lebensalters zeigen sich für die genannten Verfahren statistisch bedeutsame Zusammenhänge zur Expositionsdauer, am deutlichsten für die Bereiche Wahrnehmungsgeschwindigkeit und -genauigkeit [42] sowie Konzentration bzw. kurzzeitige Aufmerksamkeit (d 2). Die Richtung der Korrelationen ist jeweils hypothesengerecht.

Die multiple Korrelation zwischen den psychologischen Variablen und der Expositionsdauer beträgt nach der Wherry-Doolittle-Methode $r=0{,}836$ unter Einschluß der Variablen 4, 6, 1, 7, 3, 2, 8 in der genannten Reihenfolge. Wenn die o. g. partiellen Korrelationskoeffizienten als Kriteriumsgrößen gewählt werden, beträgt $r=0{,}805$. Diese Koeffizienten sind als sehr hoch zu bewerten und ergeben eine günstigere Validitätsaussage als die Beziehungen zur Expositionsstärke unter vergleichbaren Bedingungen.

4.3. Nachweis der Expositionsart in psychodiagnostischen Ergebnissen

Der 3. Gesichtspunkt, nach dem die diagnostische Effizienz psychologischer Methoden im vorliegenden Problembereich geprüft wird, ist die Expositionsart. Es ist zu untersuchen, ob bestimmte chemische Schadstoffe unterschiedliche neurotoxische Wirkungen hervorrufen.

Meist wird angenommen, daß es eine allgemeine Schädigung des ZNS gibt. Entsprechend dieser schadstoffunspezifischen Wirkungsannahme werden auch die psychodiagnostischen Programme nicht nach Schadstoffen differenziert. Damit sind die Aussagemöglichkeiten unter dieser Fragestellung eingeschränkt. In der Literatur wird das Problem nach unserem Wissen nicht gesondert bearbeitet. Die meisten psychologisch orientierten Arbeiten beschreiben Wirkungen bestimmter Schadstoffe und behandeln nicht den Wirkungsvergleich zwischen Schadstoffen.

Einige Vergleiche in der Anzahl von auffälligen Befunden bei unterschiedlichen Expositionen (CS_2 und Hg) und von Mittelwerten beider Expositionsgruppen ergaben in einer Voruntersuchung Hinweise für eine genauere Analyse der Daten. Es zeigte sich z. B., daß die Hg-Exponierten niedrigere Leistungen in der Interferenzuntersuchung und bei Konzentrationsaufgaben hatten und in einigen Persönlichkeitsmerkmalen auffälliger waren (ohne statistische Signifikanz). Für diese Differenzen können neben der Exposition verschiedene Faktoren verantwortlich sein, z. B. andere Arbeitstätigkeiten und sonstige betriebliche Bedingungen, Wirkungen der Expositionsstärke und -dauer, die nicht übereinstimmen, Alter und/oder Geschlecht und die Indikation der Untersuchung.

Trotz der genannten Schwierigkeiten werden im folgenden Ergebnisse dargestellt, die das Problem der schadstoffspezifischen Wirkungen weiterverfolgen. Im Unterschied zu den vorgenannten Analysen (Expositionsstärke und -dauer) werden hier nicht Testergebnisse verglichen, sondern psychologische Beurteilungen von Testergebnissen, die in 4 Kategorien für Untersuchungsbereiche vorliegen. Die Kategorien werden bezeichnet als „unauffälliger“, „leicht“, „deutlich“ und „erheblich“ auffälliger psychologischer Befund. Die Einordnung der Testergebnisse in die 4 Kategorien erfolgt für 10 Untersuchungsbereiche (siehe Spaltenbezeichnung der Tabelle VII) nach einheitlichen statistischen Kriterien. In die Analyse wurden nur Gruppen mit vergleichbarer Untersuchungsindikation (Reihen- und stationäre Untersuchungen im ZAM) einbezogen. Im χ^2-Test [31] wurde danach gefragt, ob in einer der jeweils paarweise verglichenen Expositionen prozentual mehr Auffälligkeiten im Untersuchungsbereich vorliegen. Das Ergebnis dieser Vergleiche ist in Tabelle VIII zusammengestellt. Zur Erläuterung sei erwähnt, daß in den Gruppen 52 Kohlenmonoxid-, 166 Lösungsmittel-, 272 Schwefelkohlenstoff-, 101 Quecksilber- und 56 Toluolexponierte enthalten sind. Die Gruppe der Lösungsmittelexponierten umfaßt Tri- und Perchloräthylen-, Tetrachlorkohlenstoff- sowie Farben-, Reinigungsmittel- und Kleberexposition. Sie ist also eine Mischgruppe im Unterschied zu den anderen Gruppen, in denen mit Tuluol und CS_2 auch Lösungsmittel enthalten sind. Es zeigt sich eine unterschiedliche Häufigkeit signifikanter Differenzen von Auffälligkeiten in den Untersuchungsbereichen (unterste Zeile). Im Bereich der sensomotorischen Geschwindigkeiten und in den untersuchten Persönlichkeitsmerkmalen sind die häufigsten Differenzen zu finden. In den Gedächtnisuntersuchungen wurden keine unterschiedlichen Befunde sichtbar.

Die Anzahl signifikanter Differenzen muß relativiert werden in bezug auf die zugrundeliegenden Informationen für den beurteilenden Psychologen. So wird z. B. der Bereich Konzentration ausschließlich durch Informationen aus dem Test d 2 abgedeckt, während der Bereich Persönlichkeitsmerkmale aus Informationen zu 12 Skalen des Fragebogens und der Exploration beurteilt wird. Insofern sind wahrscheinlich die Differenzen der Bereiche Konzentration und sensomotorische Reaktionsgeschwindigkeit und -genauigkeit als relativ eng begrenzte Aussagenbereiche zu verstehen.

Auf dem Hintergrund dieser methodischen Überlegungen ist die Frage zu prüfen,

Tabelle VIII. Darstellung von Prozentwerten psychischer Auffälligkeiten bei verschiedenen Expositionsarten, getrennt nach Untersuchungsbereichen (die unterstrichenen Zahlenpaare sind nach x^2 $p<0,05$ signifikant different), weitere Erläuterungen im Text

	Intellektuelle Leistungsvoraussetzung	Konzentration	Gedächtnis	Wahrnehmung Geschwindigkeit	Wahrnehmung Genauigkeit	Wahlreaktion Geschwindigkeit	Wahlreaktion Genauigkeit	Feinmotorik Geschwindigkeit	Feinmotorik Genauigkeit	Persönlichkeits-Merkmale	Anzahl größerer Prozentwerte im Paarvergleich
CO/Lö	23/29	56/43	40/41	62/68	38/48	*67/47*	50/46	57/41	42/37	*56/36*	
CO/CS_2	23/35	56/56	40/35	62/74	38/48	67/69	50/47	57/23	42/46	56/42	
CO/Hg	23/26	56/51	40/42	62/65	38/55	67/56	50/42	*57/18*	42/24	*56/27*	
CO/To	–	*56/23*	40/30	*62/27*	38/24	*67/37*	*50/23*	–	–	*56/13*	CO : 10
Lö/CS_2	29/35	*43/56*	41/35	68/74	48/48	*47/69*	46/47	*41/23*	37/46	36/42	
Lö/Hg	29/26	43/51	41/42	68/65	48/55	47/56	46/42	*41/18*	37/24	36/27	
Lö/To	–	*43/23*	41/30	68/27	*48/24*	47/37	*46/23*	–	–	*36/13*	Lösungsmittel : 7
CS_2/Hg	35/26	56/51	35/42	74/65	48/55	*69/56*	47/42	23/18	*46/24*	*42/27*	
CS_2/To	–	*56/23*	35/30	*74/27*	*48/24*	*69/37*	*47/23*	–	–	*42/13*	CS_2 : 11
Hg/To	–	*51/23*	42/30	*65/27*	*55/24*	*56/37*	*42/23*	–	–	27/13	Hg : 5 Toluol : keine
Summe signifikanter Differenzen	0	5	0	4	3	6	4	–	3	6	

welche Exposition unter den gegebenen Bedingungen stärkste Wirkungen zeigte. Die rechte Spalte der Tabelle VIII weist aus, daß die CS_2- und die CO-Exponierten die häufigsten Auffälligkeiten haben. Es folgt die Gruppe der Lösungsmittelexponierten. Sie ist nicht identisch mit den Exponierten gegenüber Perchloräthylen (siehe Tab. II), sondern es handelt sich um stationäre Untersuchungen zur BK-Begutachtung. Überraschend ist die niedrige Rangposition der Befunde an Hg-Exponierten. Hierbei ist die relativ geringe Exposition eines Teils der Untersuchungsgruppe zu berücksichtigen. Im Vergleich zu den übrigen Gruppen sind Toluolexponierte relativ unauffällig in den psychologischen Befunden.

Wenn auch diese Übersicht, wie auch jeder andere Vergleich zwischen Expositionsgruppen, mit Einschränkungen bezüglich der Verallgemeinerbarkeit zu versehen ist, so ist doch eine Aussage abzuleiten:

Die wichtigsten Untersuchungsbereiche zur Differenzierung der Expositionswirkung bestätigen sich nach der Analyse von Dauer- und Stärkeabhängigkeiten auch bei dieser Analyse; es sind Konzentrations-, Wahrnehmungs- und sensomotorische Leistungen.

4.4. Beziehungen zwischen psychodiagnostischen Ergebnissen und der Anerkennung von Berufskrankheiten

Die behandelten 3 Formen der Validierung der psychologischen Methodik sind im Rahmen der eingangs erwähnten arbeitsmedizinischen Gesamtaufgabe zu sehen. Aus psychologischer Sicht kann nunmehr eine Begründung der Methoden nach den Validitätsangaben vorgenommen werden. Jetzt interessiert die Verwendung des psychodiagnostischen Urteils bei der Anerkennung von Berufskrankheiten und bei der Festlegung des anzuerkennenden Körperschadens.

Dazu wird der Zusammenhang zwischen dem Gesamturteil des medizinischen Gutachtens bei der Anerkennung der Berufskrankheit (BK) und dem Abschlußurteil des Psychologen untersucht. Dabei ist zu berücksichtigen, daß das Urteil des Psychologen in das medizinische Gutachten mit eingeht. Eine unabhängige Untersuchung des Zusammenhanges ist deshalb nicht möglich. Es wird vielmehr geprüft, ob das psychologische Urteil unterstützender Bestandteil der Urteilsfindung bei der BK-Anerkennung ist. Ein fehlender Zusammenhang würde darauf hinweisen, daß der psychologische Befund gegenläufige Aussagen bringt bzw. in der Rangreihe zu bewertender Befunde, – die keineswegs immer gleichgerichtete Aussagen machen –, eine geringe Position einnimmt.

Die Gesamtbefunde des Psychologen –, beruhend auf den oben behandelten Untersuchungsbereichen – werden für diese Analyse in 3 Kategorien zusammengefaßt:

1. unauffälliger Befund
2. zweifelhafter auffälliger oder auffälliger Befund, beruflicher Einfluß möglich
3. auffälliger Befund, berufsbedingt.

Die Befunde über Vorliegen einer Berufskrankheit werden zusammengefaßt nach

5 Kategorien:
1. keine BK
2. keine BK, aber Arbeitsplatzwechsel oder Kontrollfall
3. BK neurologisch bedingt
4. BK hepatogen
5. sonstige BK.

Aus den Bezeichnungen der Kategorien werden Parallelitäten sehr deutlich, die eine Zusammenhangsbetrachtung sinnvoll machen. Sie erfolgte über χ^2-Mehrfeldertafeln mit Schätzungen des Kontingenzkoeffizienten C, da Annahmen über das Nominalskalenniveau hinaus hier nicht begründbar waren. Tabelle IX stellt die Ergebnisse dar.

Tabelle IX. Kontingenzkoeffizienten für den Zusammenhang zwischen BK-Befundung und psychologischem Befund bei neurotoxisch Exponierten

	χ^2		C	$\frac{C}{C_{max}}$
331 Exponierte (CS_2, Lösungsmittel, Hg, Pb, CO, Pflanzenschutzmittel)	79, 4	$p<0{,}001$	0,439	0,513
Davon:				
163 Exponierte CS_2	35,4	$p<0{,}001$	0,421	0,492
78 Exponierte Hg und Pb	15,82	$p<0{,}05$	0,410	0,479
59 Exponierte Lösungsmittel	10,2	$p<0{,}05$		

Weitere Schadstoffgruppen waren infolge zu geringer Probandenzahl nicht auswertbar. Unter Berücksichtigung der obigen Kategorien zeichnen sich Zusammenhänge zwischen den psychologischen und den BK-Befinden deutlich ab.

Die Beziehungen zur Höhe des Körperschadens bei vorhandenen BK – nach 3 Kategorien (bis 20%, bis 45%, darüber) – wurden ebenfalls berechnet. Sie weisen etwas schwächere, aber für die gleichen Gruppen signifikante Zusammenhänge aus.

Es ist nun zu fragen, was qualitativ hinter den ausgewiesenen Beziehungen steht. Die diagnostische Klassifikation des Psychologen kann gegenläufig oder übereinstimmend mit der BK-Begutachtung sein. Abbildung 2 zeigt die Zusammenhänge.

Dabei können falsch negative Klassifikationen des Psychologen auftreten, wenn bei Patienten ohne auffälligen psychologischen Befund im arbeitsmedizinischen Gesamturteil eine BK-Anerkennung erfolgt. Als falsch positive Klassifikation des Psychologen wird die Angabe eines auffälligen berufsbedingten psychologischen Befundes angesehen, wenn keine BK-Anerkennung erfolgt. Diese Nichtübereinstimmungen liegen in 3 möglichen Gruppen bei etwa 10%. Im Fall der hepatogenen BK-Anerkennung liegen 39% Nichtübereinstimmungen vor. Diese Aussagen können wegen der Abhängigkeit der Befundung nicht im Sinne der convergenten und divergenten Validität des spychologischen Urteils gewertet werden. Sie weisen aber darauf hin, daß die Psychodiagnostik neben den verschiedenen arbeitsmedizinisch diagnostischen Methoden zu überwiegend gleichgerichteten Aussagen kommt bzw. als Bestandteil der interdisziplinären Urteilsfindung aussagefähig ist.

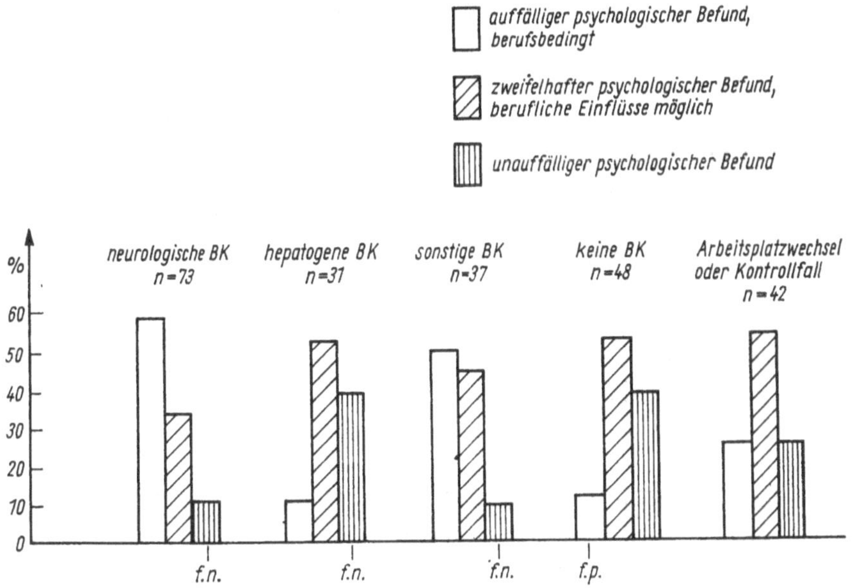

Abb. 2. Darstellung von Zusammenhängen zwischen Kategorien der BK-Anerkennung und Kategorien der psychologischen Befunde bei 331 Untersuchungen im ZAM. F. n. bzw. f. p. bedeutet falsch negativer bzw. falsch positiver psychologischer Befund. Weitere Erläuterungen im Text

5. Diskussion

– Die Darstellung von 3 Ergebnisaspekten belegt, daß im Bereich konzentrativer Leistungen, in der Wahrnehmungsgeschwindigkeit und -genauigkeit, in einigen sensomotorischen Leistungen und in Persönlichkeitsmerkmalen typische Befunde feststellbar sind. Teilweise kommen noch Befunde veränderter Gedächtnisleistungen in Betracht. Im Sinne der eingangs dargestellten diagnostischen Fragestellung können diese Untersuchungsbereiche Informationen über neurotoxisch bedingte Veränderungen der Persönlichkeit und der Leistungsvoraussetzungen bieten. Diese Aussge erscheint uns berechtigt, weil bezüglich der Wirkungen der Expositionsdauer und -stärke in den genannten Untersuchungsbereichen die deutlichsten hypothesengerechten Ergebnisse auftraten. Obwohl die Analysen unterschiedlicher Expositionsarten in ihren Aussagemöglichkeiten begrenzt sind, stimmen die am stärksten differenzierenden Untersuchungsbereiche im wesentlichen mit denen der beiden erstgenannten Analysen (Expositionsstärke und Expositionsdauer) überein. Sie sind aber nicht interpretierbar im Sinne der Auswahl individualdiagnostischer Methoden. Beim Vergleich unserer

Untersuchungsergebnisse mit den Ergebnissen anderer Autoren (Abschnitt 3) läßt sich hinsichtlich der beeinträchtigten Leistungs- und Befindensbereiche im wesentlichen Übereinstimmung feststellen. Allerdings werden Veränderungen der Wahrnehmungsgeschwindigkeit und -genauigkeit bei Querschnittuntersuchungen anderer Autoren selten angegeben. Bei einem derartigen Vergleich sind bestehende methodische Schwierigkeiten zu berücksichtigen:

Es besteht keine vollständige Übereinstimmung in der Auswahl der zu untersuchenden psychischen Bereiche und der psychodiagnostischen Methoden. Außerdem sind unterschiedliche Expositionsbedingungen bezüglich Stärke, Art und Dauer zu berücksichtigen.

– Nach der Erfassung von toxischen Wirkungen mit psychodiagnostischen Methoden liegt die Frage nach den Ursachen der Symptomatik nahe. Offenbar werden Leistungen der Informationsaufnahme und -verarbeitung in bezug auf Genauigkeit und Geschwindigkeit beeinträchtigt. Dafür sprechen die Befunde veränderter Schwellenwerte der Wahrnehmungsgeschwindigkeit und die Leistungen bei der tachistoskopischen Darbietung von Mustern. Evtl. lassen sich hier auch die vielfach bestätigten Befunde bei konzentrativen Leistungstests einordnen. Der motorische Anteil dieser Leistungen ist gering. Andererseits liegen in unseren Ergebnissen (Wahlreaktionsuntersuchungen, Tapping) mehrfach Belege dafür vor, daß auch motorische Geschwindigkeits- und Genauigkeitsleistungen (Santa Ana Test), – mit sensorischen Steuerungsanteilen –, beeinträchtigt sind. Die von verschiedenen Autoren gefundenen veränderten Gedächtnisleistungen konnten von uns nicht immer reproduziert werden. Intellektuelle Leistungen waren nur in der Styrol-Expositionsgruppe auffällig (logisches Denkvermögen). Es liegt die Hypothese nahe, daß einfache Geschwindigkeits- und Genauigkeitsanforderungen, die kaum kognitiv kompensiert werden können, zuerst bzw. vorrangig beeinträchtigt werden.

Parallel zu den hier diskutierten psychodiagnostisch erfaßbaren Leistungsminderungen müssen auch Veränderungen in der subjektiven Befindlichkeit gesehen werden. Diese Veränderungen treten in Form körperlicher und psychischer Beschwerden auf und werden durch Fragebogen erfaßt. Dieser Aspekt wurde im Gegensatz zur Erfassung von Leistungsdaten bisher von uns nicht gründlich untersucht. Die zur Verfügung stehenden Persönlichkeitsfragebogen sind nur bedingt für die Fragestellung geeignet. Zwar sind in den Ergebnistabellen 2, 6 und 8 mehrfach Persönlichkeitsbereiche als signifikant trennend erwähnt, diese Befunde reichen jedoch noch nicht aus, um verbindliche Aussagen zu treffen.

Spezifische Fragebogenentwicklungen liegen von Herbig [22] und Seeber, Schneider, Zeller [41] vor. Sie sind stark symptomorientiert und/oder sind auf die Bereiche Antrieb, Erregbarkeit und konzentrative Anspannung gerichtet. Die Erfahrungen zeigen, daß die Erfassung von Veränderungen der Persönlichkeitsbereiche schwieriger ist als die Registrierung von Befindensänderungen.

Z. B. sind im Psychologisch-Neurologischen Fragebogen [41] die Fragen nach neurologischen Symptomen und nach der psycho- und neurovegetativen Stabilität diagnostisch informativer als die Fragen zu den Bereichen Antrieb, Erregbarkeit und Konzentration.

– Die Kenntnis über physiologische Korrelate der psychologisch erfaßbaren Vorgänge ist für die Aufklärung der Schadstoffwirkung sehr wesentlich. Modellerklärungen über entsprechende Wirkungsmechanismen können aus unserer Sicht noch nicht gegeben werden. Als Möglichkeiten werden in der arbeitsmedizinischen Literatur [7] z. B. die Behinderung der Reizübermittlung an den Synapsen angegeben. Dabei wird die Depolarisation der Synapsenmembran gehemmt. Außerdem wird angenommen, daß Schadstoffe am Zytoplasma der Nervenzelle angreifen und die Eiweißsynthese im Zellkörper hemmen. Als weitere Mechanismen, z. T. als Folge der genannten Abläufe, kommen Zerfallserscheinungen an den Markscheiden der Dendriten, distale neuronale Degenerationsprozesse, Ödembildungen an den Astrocyten und ihren Fortsätzen und andere Mechanismen sowie deren Folgeerscheinungen in Frage. Eine Schlüsselstellung im Schädigungsmechanismus nimmt die Störung der Zellatmung ein, die einen Zustand der Hypoxie bewirkt. Sie ist letztlich, wenn auch auf verschiedenen biochemischen Wegen, wesentlich für Störungen an der Nervenzelle.

  Auf welchem Wege und über welche Summationseffekte die psychologisch sichtbaren Veränderungen entstehen, kann z. Z. noch nicht beantwortet werden.

– Kann nun ein typisches Profil des neurotoxisch Geschädigten als Bezugsprofil angegeben werden (vgl. 2.1.)?

  Dieses Profil wäre denkbar als Mittelwertdarstellung der Untersuchungsergebnisse von Exponierten mit einer nachgewiesenen Schädigung in den genannten Untersuchungsbereichen. Das entsprechende Profil Nichtexponierter müßte einen signifikanten Abstand aufweisen. Eine solche Darstellung unserer Ergebnisse und der Literaturbefunde ist aus mehreren Gründen nicht angemessen:

· Für den individuellen Fall ist es selten, daß alle genannten Bereiche der Persönlichkeit Auffälligkeiten aufweisen. Die gewonnenen Aussagen gelten gruppenspezifisch und sind deshalb nicht mit Sicherheit individualtypisch zu erwarten.

· Trotz normgerechter Untersuchungsbefunde in einzelnen Bereichen können im Einzelfall durchaus aufgrund der Anamnese (Expositionsbedingungen, Beschreibung der Persönlichkeit) und anderer, z. B. neurologischer Untersuchungsergebnisse neurotoxische Schadstoffwirkungen vorhanden sein.

· Die individualtypische Reaktionsweise auf die Expositionsbedingungen – die jeder Praktiker kennt, aber nicht in ein angemessenes System bringen kann – ist aufgrund der unterschiedlichen individuellen Ausgangsbedingungen theoretisch sehr wahrscheinlich. Es liegt die Frage nahe, ob es dispositionell eine besondere Risikogruppe für neurotoxische Wirkungen bei Schadstoffexposition gibt. – im Vergleich zu evtl. stärker hepatotoxisch oder gar nicht reagierenden Personen. Das Problem wird noch nicht bearbeitet.

· Weitere Bedenken gegen eine Profildarstellung ergeben sich aus dem derzeitigen

Kenntnisstand zum Problem. Wenn auch zahlreiche Befunde im Sinne der Erwartungen vorliegen, so sind doch auch Negativbefunde (siehe Tab. II und VI) festzustellen.

Aus den genannten Gründen können unsere Untersuchungsergebnisse nicht in Form eines typischen Exponiertenprofils zusammenfassend dargestellt werden.

Die Zusammenstellung der aussagefähigen Methoden zu einer Untersuchungsbatterie hingegen erscheint berechtigt. Die Ergebnisse der Validierungsuntersuchungen sind als Erläuterungen der nachfolgend empfohlenen Untersuchungsmethodik zu verstehen.

– Es ist noch einmal darauf zu verweisen, daß eine psychodiagnostische Methodik, die neurotoxische Schadstoffwirkungen erfassen soll, trotz der teilweise günstigen Validitätsangaben als Bestandteil eines arbeitsmedizinischen und arbeitspsychologischen Vorgehens zu sehen ist. Da der notwendige psychodiagnostische Untersuchungsaufwand ökonomisch zu planen ist, wird grundsätzlich in einer Mehrschrittstrategie vorgegangen. Deren erster Teil ist – in Form eines Screenings – der genannte Psychologisch-Neurologische Fragebogen. Der zweite Teil – die Nachfolgeuntersuchung – stützt sich auf die hier vorgestellten Methoden. Nach Berücksichtigung der Validitätserfahrungen sind als Bestandteil der Methodik
Untersuchungen der Wahrnehmungsgeschwindigkeit und -genauigkeit,
Untersuchungen konzentrativer Leistungen,
Untersuchungen von Wahlreaktions- und anderen sensomotorischen Leistungen und Untersuchungen von Persönlichkeitsmerkmalen (u. a. Differentialdiagnose gegenüber Neurosen) sowie eine Exploration zur Anamnese und Klärung der Expositionsbedingungen
notwendig. Entsprechende Empfehlungen einschließlich der Interpretationshinweise sind den Psychologen des Betriebsgesundheitswesens über einen Arbeitskreis zugänglich.

Zusammenfassung

Psychodiagnostische Methoden werden zur Beurteilung neurotoxischer Wirkungen chemischer Schadstoffe eingesetzt. Methodologische Voraussetzungen dafür sind Informationen zu Bedingungen der Exposition, zu typischen Schadstoffwirkungen, zur Persönlichkeit ohne Schadstoffeinfluß und zur Validität der Methodik für die Fragestellung. Letzteres wird im Beitrag an 4 Ansätzen erläutert. Das sind die Abhängigkeit psychodiagnostischer Resultate von der Expositionsstärke, von der Expositionsdauer und von der Art der Exposition, Beziehungen der Resultate zur Diagnose von Berufskrankheiten und diagnostische Fehlklassifikationen. Anhand der Auswertung von mehr als 400 Untersuchungen wird gezeigt, daß Beziehungen zur Expositionsstärke und -dauer am deutlichsten nachweisbar sind. Eine Empfehlung für praktische Untersuchungen im Betriebsgesundheitswesen der DDR wird gegeben. Sie enthält Methoden zur Untersuchung der Wahrnehmungsgeschwindigkeit und -genauigkeit, von Konzentrationsleistungen, der Sensomotorik und einiger Persönlichkeitsmerkmale.

Summary

Psychodiagnostic methods are applied for the assessment of neurotoxic effects of chemical substances. For this investigation the methodological preconditions are informations on conditions of exposure, on typical effects of harmful substances, on personality traits without influence of harmful substances and on the validity of the method. The authors investigate the dependency of test results on the intensity of exposure, duration and quality of exposure, relations of the results to the diagnosis of occupational deseases and classification errors in diagnosis. It can be demonstrated with more than 400 cases that relations exist to the intensity and the duration of exposure. The authors give recommendations for investigations in the practice of the Industrial Health Service of the GDR. These recommendations consist in methods for the investigation of speed and accuracy of perception, of concentration, of senso-motor skills and of some personality traits.

Резюме

В настоящей работе применяются психодиагностические методы к оцениванию невротоксического действия химических вредных веществ. Методологические предпосылки — информация по условиям экспозиции, по типичным действиям вредных веществ, по личностям без влияния вредных веществ и по общезначимости (Validität) методики относительно этого вопроса. Обьяснение последнего в работе предпринимается в четырех направлениях-точнее это зависимость психодиагностических результатов от силы, длительности и способа прьедявления, отношения результатов к диагнозу профессиональных заболеваний и отибочные диагностические классификации. Данные из более 400 попыток показывают, что отношения к силе и длительности предьявления выступают отчетливее всего. Дается рекомендация по практическим осмотрам в рамках здравохранения на заводах в ТДР.
Рекомендация включает в себя методы для исследования скорости и точности восприятия, сосредоточности, сенсомоторики и некоторых личностных признаков.

Literatur

1. Arbeitsmedizinische Tauglichkeits- und Überwachungsuntersuchungen. Neuregelung der Rechtsvorschriften. Entwurf. Januar 1976, Berlin.
2. 7. Durchführungsbestimmung zur Verordnung über die weitere Verbesserung der Arbeits- und Lebensbedingungen der Arbeiter und der Rechte der Gewerkschaften. Ärztliche Reihenuntersuchungen der Arbeiter vom 23. 6. 1955 (GBl Nr. 61/1955).
3. DDR-Standard TGL 22310 Blatt 1 (verbindlich ab 1. 1. 1973) – Arbeitshygiene. Zulässige Konzentrationen gesundheitsschädlicher Stoffe in der Luft am Arbeitsplatz. Begriffe und Grenzwerte.
4. ABELS, D.: KVT, Konzentrationsverlaufstest. Göttingen 1961.
5. AMTHAUER. R.: Intelligenz-Struktur-Test. Göttingen 1955.
6. BACHMANN, W., und ORBAN, A. Tappinggerät. In: Meßelektronik in der Arbeitsmedizin. (Autorenkollektiv) Ergonomische Berichte 14. Berlin 1974.
7. BITTERSOHL, G.: Beitrag zu Schädigungsmöglichkeiten des ZNS durch toxische Arbeitsstoffe. Z. ges. Hyg. *2* (1974) 72.
8. BONDY, L. (Hrsg.): Hamburg-Wechsler-Intelligenztest für Erwachsene (HAWIE). Bern 1956.
9. BRÄUNLICH, A., ENDERLEIN, G., HÄUBLEIN, H.-G., KONETZKE, G., REBOHLE, E., SCHMIDT, P., SCHULZ, G., THIELE, H., und WALLENSTEIN, G.: Methodische Grundlagen der Epidemiologie unter besonderer Berücksichtigung von Gesundheitsfolgen durch Exposition gegenüber chemischen Noxen. Unveröffentlichter Vortrag, WHO-Symposium „Methoden und Ergebnisse der Epidemiologie bei chemischen Expositionen“. Dresden 1977.

10. BRICKENKAMP, R.: Test d 2. Aufmerksamkeitsbelastungstest. Göttingen 1962.
11. DANIEL, J.: Erforschung des Einflusses chemischer Intoxikationen auf die psychischen Funktionen. Probl. u. Ergebn. Psychol. *20/21* (1967) 103.
12. FERGUSON, R. K., und VERNON, R. J.: Trichloräthylene in combination with CNS drugs. Arch. environm. Health *20* (1970) 462.
13. FOA, V.: Mental performance and personality disorders in workers exposed to CS_2. 2. Internationaler C. I. A. N. S.-Kongreß. Prag 1975.
14. FODOR, G.: Schädliche Dämpfe. Düsseldorf 1972.
15. FODOR, G., und WINNEKE, G.: Wirkung niedriger CO-Konzentrationen auf Monotonie-Resistenz und psychomotorisches Leistungsvermögen. Staub *32* (1972) 169.
16. GAMBERALE, F.: Beharioral effects of exposure to solvent vapors. Schriftenreihe Arbete och Hälsa. Stockholm 1975.
17. HACKER, W., und KÜHN, M.: Anwendung psychodiagnostischer Untersuchungsverfahren bei berufsbedingten Vergiftungen durch neurotoxische Substanzen. Schriftenreihe ärztl. Fortbild. *37* (1968).
18. HÄNNINEN, H.: A study of the psychological symptoms of carbon disulphide poisoning. XIV. International Congress of occupational health. Madrid 1963.
19. HÄNNINEN, H.: Psychological picture of manifest and latent carbon disulphide poisoning. Brit. J. ind. Med. *28*.(1971) 374
20. HÄNNINEN, H., und LINDSTRÖM, K.: Behavioral test battery for toxipsychological studies. Helsinki 1976.
21. HERBIG, C.: Psychologische Untersuchungen zur Wirkung von CS_2 in Abhängigkeit vom Geschlecht der exponierten Arbeitskräfte.
Z. ges. Hyg. *17*/1971.
22. HERBIG, C.: Entwicklung eines Skalensystems zur Befindlichkeitserfassung CS_2-exponierter Werktätiger. Unveröffentlichte Dissertation TU Dresden 1974.
23. HERRMANN, G.: Psychische Erscheinungen bei unterschiedlich intensiver chronischer CS_2-Exposition. Diplomarbeit, TU Dresden 1967.
24. HERNBERG, S.: Die epidemiologische Aufklärung von Gesundheitsschäden bei CS_2-Exposition. Unveröffentlichter Vortrag, WHO-Symposium „Methoden und Ergebnisse der Epidemiologie bei chemischen Expositionen". Dresden 1977.
25. HINTZE, C., HACKER, W., KÜHN, H., und QUECK, E.: Beitrag zur Früherkennung der chronischen CS_2-Intoxikation. In: Bericht über den 2. Kongreß der Gesellschaft für Psychologie. Berlin 1969, S. 122.
26. HORN, W.: Leistungsprüfsystem. Göttingen 1962.
27. KASIELKE, E., MÖBIUS, S., und SCHOLZE, C.: Der Beschwerdenerfassungsbogen als neurosendiagnostisches Verfahren. In: Neurosendiagnostik. Hrsg. Helm, H., Kasielke, E., und Mehl, J. Berlin 1974.
28. KATZENBERGER, L. F.: Dimensionen des Gedächtnisses. Z. exper. angew. Psychol. *12* (1965) 451–492.
29. KEMPE, H.: Psychodiagnostische Untersuchungen bei Werktätigen mit Styrol-Exposition im VEB Plastwerk Staaken. Bericht FV Arbmed., ZAM, Berlin 1976.
30. KOELSCH, F. (Hrsg.): Handbuch der Berufskrankheiten. Jena 1972
31. KOLLER, S.: Neue graphische Tafeln zur Beurteilung statistischer Zahlen. Darmstadt 1969.
32. LINDSTRÖM, K.: Psychological performances of workers exposed to various solvents. Work, Environm., Health *10* (1973) 151–155.
33. LINDSTRÖM, K., HÄRKONEN, H., und HERNBERG, S.: Disturbances in psychological functions of workers occupationally exposed to styrene. Scand. J. Work, Environm., Health *3*/1976.
34. MEISTER, W., und SEEBER, A.: Arbeitspsychologische Beiträge bei arbeitsmedizinischen Tauglichkeits- und Überwachungsuntersuchungen Probl. u. Ergebn. Psychol. *65*/1978.
35. MÜNCHINGER, R.: Untersuchungen über die CS_2-Wirkungen in der Viskose-Industire. Z. Präv.-Med. *3* (1958) 285–286.

36. O'Donnell, R. D.: Low level carbon monoxid exposure and human psychomotor performance. Toxicol. & appl. Pharmacol. 18 (1971) 3, 593–602.
37. Peglau, K.: Information über ein Automatisches Mehrzweck-Projektionsgerät. Informationen der Gesellschaft für Psychologie der DDR II/1976, Berlin.
38. Schneider, H., Baudach, H., Path, B., und Seeber, A.: Bericht über den Zusammenhang zwischen arbeitsmedizinischen und arbeitspsychologischen Befunden bei ausgewählten chemotoxischen Expositionsgruppen. Bericht FV Arbmed., ZAM, Berlin 1974.
39. Schneider, H., Baudach, H., Kempe, H., und Seeber, A.: Validiertes psychodiagnostisches Untersuchungsprogramm für neurotoxisch exponierte Werktätige. Bericht FV Arbmed., ZAM, Berlin 1975.
40. Seeber, A., Rothe, R., Zeller, H.-J., Kempe, H., und Gutewort, T.: Interdisziplinäre Studie über die Neurotoxizität und Hepatotoxizität des Styrols. Unveröffentlichter Vortrag, WHO-Symposium „Methoden und Ergebnisse der Epidemiologie bei chemischen Expositionen". Dresden 1977.
41. Seeber, A., Schneider, H., und Zeller, H.-J.: Ein psychologisch-neurologischer Fragebogen (PNF) als Screeningmethode zur Beschwerdenerfassung bei neurotoxisch Exponierten. Probl. u. Ergebn. Psychol. *65*/1978.
42. Stroop, J. R.: Studies of interference in serial verbal reactions. J. exper. Psychol. *18* (1935) 643–661.
43. Weiss, B., und Laties, V. G. (Hrsg.): Behavioral toxicology. New York 1975.
44. Wolfram, H., und Moltz, A.: Zur Brauchbarkeit des Freiburger Persönlichkeitsinventars (FPI) für die Neurosendiagnostik. Neurosendiagnostik. Hrsg. Helm, H., Kasielke, K., und Mehl, J. Berlin 1974.

Anschrift der Verfasser:
Dr. Helga Schneider und Dr. Andreas Seeber,
Zentralinstitut für Arbeitsmedizin der DDR,
DDR – 1134 Berlin
Nöldnerstr. 40/42

From the Department of Psychology, Humboldt University, Berlin

Coding levels in visual recognition[1]

By H.-G. GEISSLER

With 8 figures

The endeavour to establish general laws of discrete sensomotor reactions has gained fresh impetus from recent developments which provide us at once with a reasonable explanation of the failure of earlier approaches. Most important is the strong evidence of serial memory scanning in situations where Ss are to decide whether an item presented is a nember of a memorized set of items or not (cf., e. g., [8]).

Seriality of performance in these tasks is inferred from the linear increase of RT with size of the memorized set. This logic clearly does not apply to numerous situations, where RT plots exhibit negative slopes or essential nonlinearities. However, it seems rather implausible that very closely related tasks, getting even identical in border-line cases, should result in totally different internal processes.

It is suggested, therefore, that serial scanning *per se* is a universal, nonspecific component of various recognition procedures. In addition, based on a growing body of evidence, three main specific components responsible for cross-task differences in the empirical RT functions are proposed. These components may be considered as representing the same information pool on three distinct coding levels:

(1) the feature code in memory, a representation format of patterns oriented to and depending on the structure of the entire stimulus set with degrees of freedom open for task-dependent recoding;
(2) integrative transforms of the feature representations, preparing for task-specific decisions, and
(3) an action-oriented segmentation of the information stored in memory into optimum sequences for scanning.

In what follows we confine ourselves to problems of the third component, i. e. of scanning sequences. We shall concentrate on the discussion of two experimental paradigms which traditionally would be judged as extremely different in nature. These two paradigms are what we call „detection of structure“ and „pattern identification“.

[1] This paper is a slightly modified version of a paper presented at the 3rd Prague Conference on Learning and Development, Prague, July 1977.

Let us first consider the detection-of-structure experiment. (It was designed by GEISSLER and SCHEIDEREITER [6] and further developed by SCHEIDEREITER). Figure 1 represents examples of linear visual arrays of pattern primitives which Ss were confronted with. They had to respond „Yes" as soon as a repetition of a substring of primitives was detected, and „No", if none was detected. The examples in figure 1 were selected from three series of the experiment, differing in the information that had been given in advance. In series A no advance information was

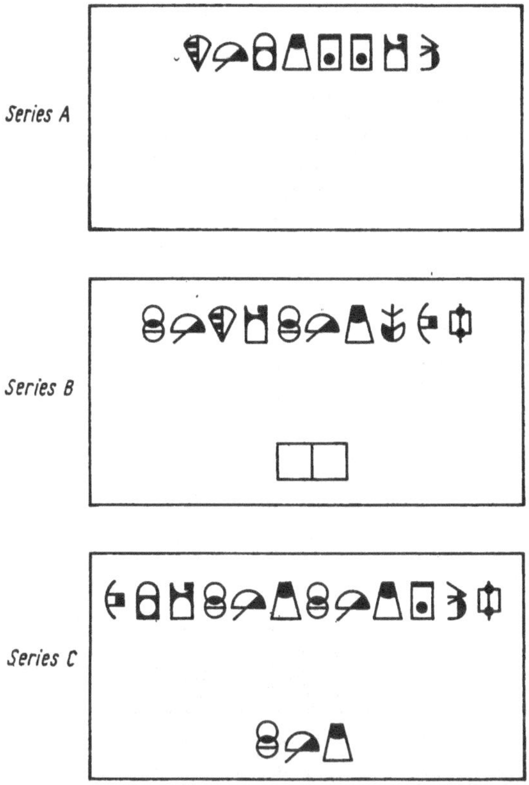

Fig. 1. Arrays presented in the detection-of-structure experiment. Comments in the text

presented. In series B Ss were informed on the length of the possible repetitive strings by sequences of blank squares at the bottom of the slide. In series C the possible repetitive strings were explicitly notified at the bottom. In each case either one repetition occurred as notified or none at all.

Under each condition, provided scanning occurs, a first scan would seem to proceed on an element level, searching for repetitions of pattern primitives. Figures 2a and 2b show possible implementations of such a serial comparison process, where two memory copies of the particular array are assumed to be compared element by element in mutually different relative positions until a match occurs. For continuation of the procedure different alternatives suggest themselves: If task dependence were complete, the „Yes" response could be initiated immediately after obtaining a match. More appropriate under natural conditions, however, seem universal strategies that apply to differing tasks and continuously changing conditions. These involve a further independent stage for the recoding of the internal representation and a serial check of the specific task-relevant relations.

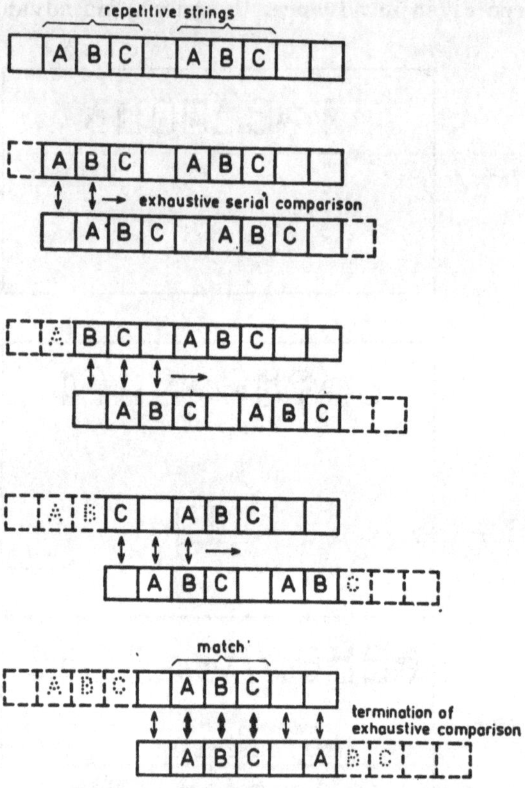

Fig. 2a. A possible implementation of the serial comparison process for detecting repetitive elements in the linear array without having information in advance (series A).

The outcome of series A, B and C is expected to provide just the information necessary to decide between these alternative strategies. In figure 3, RTs for series A, B and C are plotted as functions of length, m, of the repetitive strings, real or derived from advance information, with distance, a, between strings and response ("Yes"/"No") as parameters. The negative slopes obtained for series A und B are inconsistent with a one-stage scanning model, but are readily accounted for by the assumption that the repetitive strings, varying in length, are handled as integral units in a second scanning process. Under this view, the moderate slopes for series B point to a change in termination conditions induced by the preinformation on substring length. A two-stage scanning model also accounts for the much lower mean RTs and the reversed, nonlinear trend in series C. As the possible repetitive strings are known in advance, the first scan can be shortened a great deal and the second scan can even be reduced to a check of the already encoded string for "tags" from matches obtained on the element level (cf. fig. 2b).

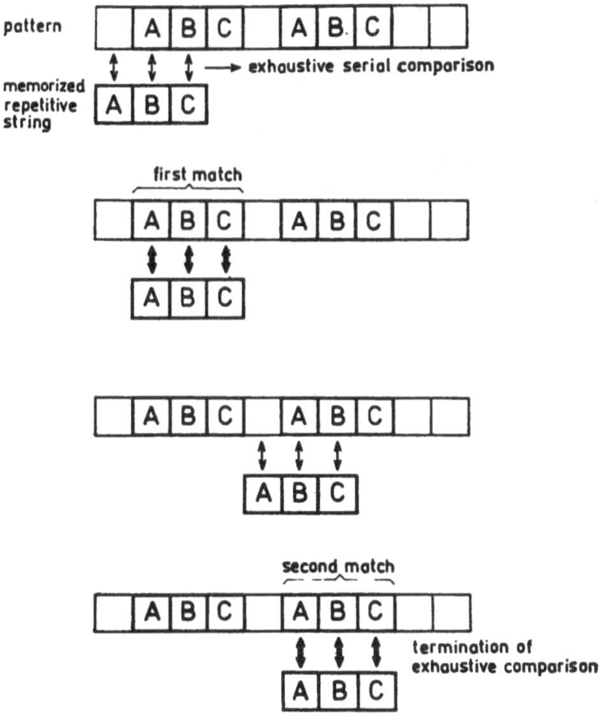

Fig. 2b. Same as in Fig. 2a for series C, where the possible repetitive strings are known in advance

The predicted curves of fig. 4 are derived from a model which assumes first and second scanning to proceed in parallel[2] and provides a good quantitative fit.

Let us now turn to the second example, the pattern identification paradigm. We define identification here as a well-trained unequivocal allocation of a narrow set of alternative stimulus patterns to a set of responses. Whereas in the detection situation the presumed scan proceeds from bottom to top in that the analysis on the element level leads to higher-order units, the reverse is true of identification. Scanning should proceed in a top-to-bottom fashion from more global features to more specific ones, terminating in the response to each pattern.

[2] This variant is most similar to an independently developed general model of BURROWS and OKADA [1]. More consistent estimates of scanning time parameters, but a slightly worse quantitative overall fit were obtained from a model based on strict seriality of first and second scanning (cf. [6]).

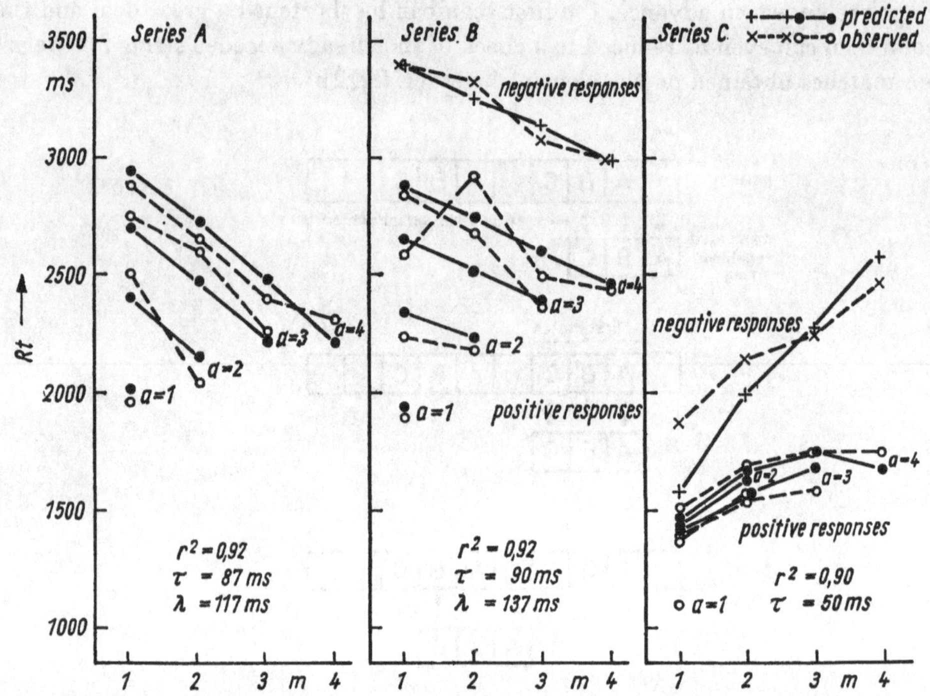

Fig. 3. RTs for series A, B and C as functions of length, m, of the repetitive strings. m for negative responses is derived from the information given in advance. a represents the distance between repetitive strings

To continue along the lines of the general introductory hypotheses two major points had to be investigated:

(1) the seriality of decisions within the recognition process and
(2) the dependence of the recognition strategy and feature encoding on task specificity.

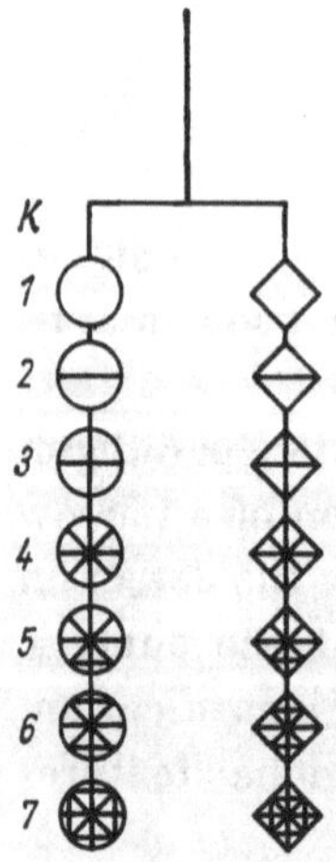

Fig. 4. Patterns used in the identification experiment, K defining apriori complexity

Figure 4 shows the set of patterns used, index K denoting an apriori complexity parameter increasing with the number of line elements involved. In a training period Ss learned to respond by a letter to each pattern presented according to given response modes.

To prove seriality between the most global decisions and more specific ones Ss were, prior to each trial, instructed to respond according to either of two fundamental modes. With the first they had to respond to each of the fourteen patterns with a special letter. With the second mode, Ss were required to respond globally either to the total of the seven circular patterns or to the total of the seven quadrangular patterns with the letters y and z, respectively, and with individual letters to each of the remaining patterns.

The experiment comprised a prolonged training and two test periods. In what follows we refer to data of the second test period only, employing six degrees of linear distortions in addition to the prototype version of the patterns ([4], cf. also [5], appendix).

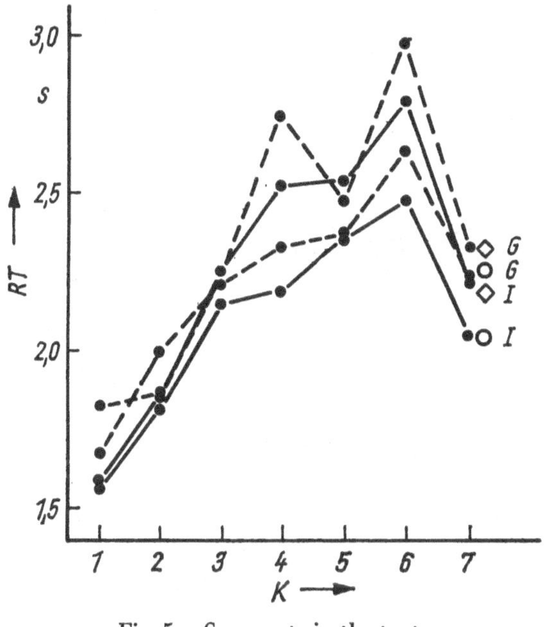

Fig. 5. Comments in the text.
○ I RT for circular patterns, all responses individual
○ G same, but global response to quadrangular patterns
◇ I RT for quadrangular patterns, all responses individual
◇ G same, but global response to circular patterns

Figure 5 demonstrates the dependence of RT on apriori complexity averaged over distortions for individual responses to circular and quadrangular patterns, each under the two response modes described above. Although some unexpected variability was observed for quadrangular patterns, no systematic deviation from parallelity was found. Analysis of variance revealed no significant interaction.

So in accordance with the above seriality hypothesis a separate stage can be assumed for discrimination between circular and quadrangular patterns. The data do not permit to say whether this discrimination precedes processing of the corresponding subsets of memory representations or is involved in a terminal decision step. The latter possibility is excluded on the basis of RT data for global responses (fig. 8), which exhibit no similar trend. This, however, does not necessarily mean that an isolated feature test occurs. Though most of the differences are not significant, the general trend displayed in figure 8 appears of striking similarity to trends known from experiments on ordered sets with the STERNBERG task (cf. [2, 3]). U-shaped position curves for positive test stimuli and remoteness functions for negative ones, which are characteristic of this type of experiment, suggest that mean serial distance is a major variable for decisions.

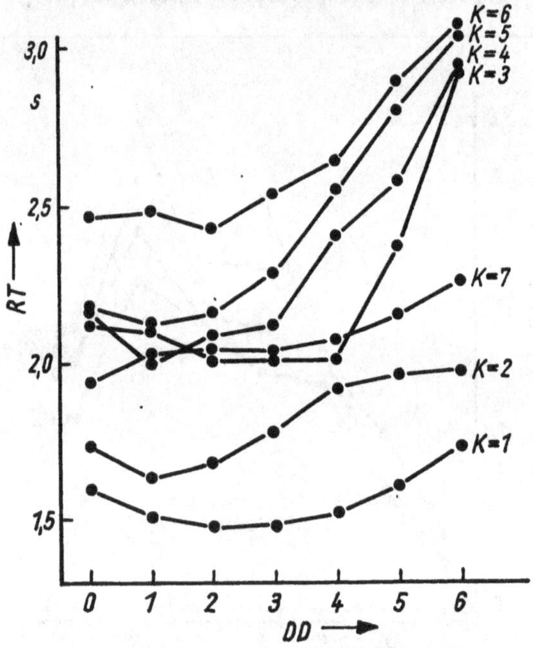

Fig. 6. Comments in the text. DD degree of distortion

The data of figure 5 exhibit another salient point: RT for apriori complexity 7 consistently violates the rank order of complexity. This result is confirmed by the distortion plot of RT. In figure 6, the horizontal axis represents the degree of distortions, RTs are pooled for circular and quadrangular patterns of equal K. Most impressive are the similar curves for complexity K=1, 2, and 7 as sharply distinct from the family for K=3, 4, 5, and 6.

From the task structure which implies discrimination of each category from all others it has been argued that $\overline{RT}$ should be inversely related to a measure of discriminability. For a rough check of this prediction discriminability was rated for pairs of the prototype patterns on a seven-point scale. In figure 7 the reciprocal of the log mean rated discriminability is plotted against $\overline{RT}$. The approximately linear relation which is found in support of the hypothesis still allows for many implementations in a processing model. One way is to assume an exhaustive se-

quence of comparison operations, each of which terminates depending on discriminability of the compared representations. Experiments to decide between alternative explanations are under way.
The present evidence seems to suggest looking at scanning as serially ordered retrieval and decision procedures which organize memory representations of the stimulus set according to specific tasks and proceed on the basis of distances of the representations compared.

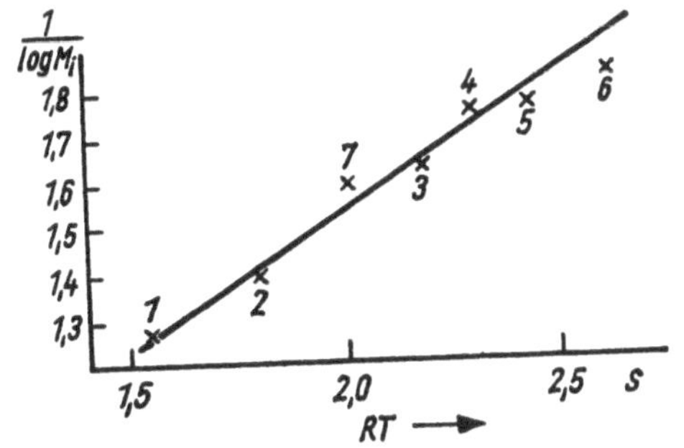

Fig. 7. RT as a function of log maen rated discriminability

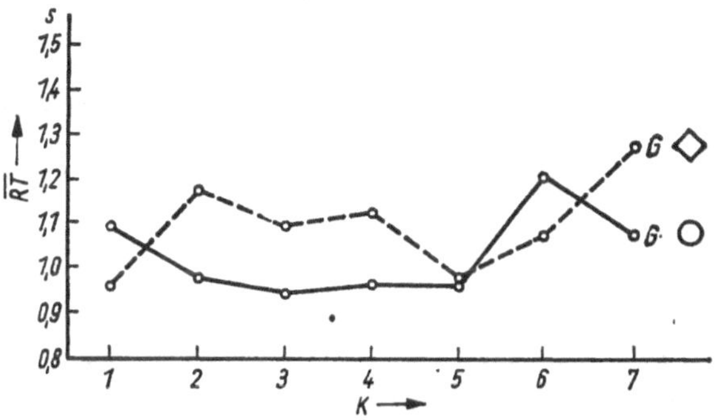

Fig. 8. RT-Position curves. The horizontal axis shows apriori complexity K for global responses to circular (G○) and quadrangular patterns (G◊), the bottom panel representing the hypothetical course for negative decisions, which is equal to the difference of the above curves

Summary

It is argued that serial scanning takes place in different recognition tasks. Differences in performance are explained by integration of information in memory and variation of scanning strategies depending on task. This approach has been applied to the analysis of RT data in two distinct recognition tasks.

Zusammenfassung

Es wird von der Vermutung ausgegangen, daß bei unterschiedlichen Erkennungsanforderungen seriale Vergleichsprozesse ablaufen. Leistungsunterschiede werden auf Unterschiede der aufgabenabhängigen Verdichtung von Information im Gedächtnis und der Prüffolge zurückgeführt. Diese Betrachtungsweise wird auf die Analyse von Reaktionszeitdaten für zwei stark unterschiedliche Erkennungsanforderungen angewendet.

Резюме

Настоящая работа исходит от предположения,что при различных требований опознавания происходят серийные процессы сравнения. Различия в успешности сводятся к различиям в уплотнении информации в памяти, зависящем от задачи и в последовательности контроля. Эта точка зрения применяется к анализу времени реакции при двух сильно отличающихся друг от друга требованиях опознавания.

References

1. Burrows, D., and Okada, R.: Parallel scanning model for memory retrieval, York University, Department of Psychology Reports, Report No. 38, 1976.
2. De Rosa, D. V., and Tkacz, S.: Memory scanning of organized visual material, J. exper. Psychol.: Hum. Learn. Mem. 2 (6), 1976
3. De Rosa, D. V., and Morin, R. E.: Recognition time for digits in consecutive and nonconsecutive memorized sets.. J. exper. Psychol. 83 (3), 1970
4. Domke, D.: Strukturbildung im Gedächtnis bei der Wiedererkennung visueller Muster. Diplomarbeit, 1977 (unveröffentlicht).
5. Geissler, H.-G.: Internal representations of external states: aspects of an indirect validation approach to psychophysics. In: Advances in Psychophysics. Eds. Geissler, H.-G., und Zabrodin, Yu. M. Berlin 1976.
6. Geissler, H.-G., Klix, F., and Scheidereiter, U.: Visual recognition of serial structure: evidence of a two-stage scanning model. In: Formal models in perception. Eds. Leeuwenberg, E., and Buffart, H. New York 1978.
7. Rosch, E.: Family resemblances: studies in the internal structure of categories. Cognitive Psychol. 7 (4), 1975.
8. Sternberg, S.: Memory scanning: new findings and current controversies. Quart. J. exper. Psychol. 27, 1975.

Author's address:
Doz. Dr. sc. H.-G. Geissler,
Sektion Psychologie der Humboldt-Universität,
DDR – 1020 Berlin,
Oranienburger Str. 18

Aus dem Lehrstuhl für deutsche Sprache des Staatlichen Pädagogischen Instituts Lipezk

Das sprachliche Können – Struktur und Charakter

Von E. Passov

Mit 1 Abbildung

1. Problemstellung

Die erste Voraussetzung für die Beherrschung eines zu erlernenden Objekts ist die Kenntnis seines Wesens. Ist das Ziel des Lernens der Besitz des sprachlichen Könnens, so wird die Bedeutung offensichtlich, die einer richtigen Analyse des Phänomens „sprachliches Können" zukommt.

Bis heute hat allerdings die Psychologie auf diese Frage noch keine hinreichend klare und überzeugende Antwort gegeben. Es ist noch nicht einmal entschieden, was mit dem Begriff „Fertigkeit" zu bezeichnen ist, und was mit dem Begriff „Können". Beispielsweise wird das Lesen in einem Fall als Fertigkeit [19], in einem anderen als Können [3] bezeichnet.

Eine Reihe von Psychologen vertritt die Auffassung, daß das Können primär, die Fertigkeit dagegen das Ziel der Beherrschung einer Tätigkeit sei [15, 24, 44, 46]. Eine andere Gruppe zählt das Können zu den sekundären Erscheinungen [17, 42, 55, 56]. Wieder andere unterscheiden primäres und sekundäres Können [2, 3, 47, 49]. Es gibt auch Vorschläge für Kompromißlösungen dieser Streitfrage: in einigen Fällen „entsteht das wirkliche Können durch die Fertigkeit", in anderen Fällen „krönt" die Fertigkeit „das Werk" [10, 11].

So ist es nicht verwunderlich, daß auch Spezialisten auf dem Gebiet der Fremdsprachenpädagogik solche Formen der Tätigkeit wie das Zuhören [16] oder das Sprechen [4] als Fertigkeiten bezeichnen; verschiedene Lehrprogramme geben das Ausbildungsziel unterschiedlich an: „Entwicklung des *Könnens* der Gesprächsführung", oder „Entwicklung von *Fertigkeiten* der mündlichen Rede", oder „Entwicklung von *Fertigkeiten und des Könnens* der mündlichen Rede", oder auch gar „Entwicklung der sprachlichen *Fertigkeiten* und des Lesen-*Könnens*".

Es ist ganz offensichtlich, daß eine ungenaue Angabe des Ausbildungszieles oder Unkenntnis seines Inhalts eine richtige Organisation des Ausbildungsprozesses selbst in Frage stellt.

Deshalb wird in der vorliegenden Arbeit versucht, die Struktur des sprachlichen Könnens als System zu beschreiben. Dazu müssen wir uns zunächst Klarheit über Status und Natur der beiden Grundbegriffe „Fertigkeit" und „Können" verschaffen.

Beginnen wir mit der Methodologie.

2. Methodologie

Bei der Definition der Begriffe „Fertigkeit" und „Können" gehen wir von folgenden methodologischen Prinzipien aus:

1. Das tätigkeitsbezogene Vorgehen bei der Untersuchung des menschlichen Verhaltens, insbesondere der sprachlichen Tätigkeit [22, 28, 30, 31]. – Es sei zunächst an zwei prinzipielle Leitsätze der Schule L. S. Vygotskijs erinnert, die für die weiteren Betrachtungen unmittelbar von Bedeutung sind: Analyse nicht nach Elementen, sondern nach Grundeinheiten [14]; die hierarchische Struktur der sprachlichen Tätigkeit [32]. Wenn wir „Können" mit „Tätigkeit" gleichsetzen, können wir auch die „Fertigkeit" als „Handlung" ansehen, folglich als Grundeinheit des Könnens, als „kleinste Zelle der Tätigkeit" [43]. Natürlich kann man keine völlige Analogie beispielsweise zwischen einem Wassermolekül als „Grundeinheit des Wassers" und der Fertigkeit als Grundeinheit des Könnens herstellen. Prinzipiell ist jedoch ein solches Herangehen möglich, weil die Fertigkeiten als Bestandteile des Könnens und als Vorbedingung seiner Herausbildung und seines Funktionierens die gleichen *Grund*eigenschaften aufweisen müssen, die das Können besitzt, obwohl sich natürlich das Niveau dieser Eigenschaften bei Fertigkeiten und Können unterscheidet.

2. Der Grundgedanke der Niveaustruktur des sprachlichen Mechanismus [5]. – Gemeint sind insbesondere die Hintergrundniveaus und das führende Niveau. Aus psychologischer Sicht sind dies die verschiedenen Bewußtheitsniveaus der Tätigkeit und ihrer Komponenten [29, 33]. Man nimmt an, daß die Fertigkeiten in der Regel auf dem Niveau der bewußten Kontrolle funktionieren, das sprachliche Können dagegen auf dem Niveau der aktuellen Bewußtheit.

3. Die Idealisierung als wissenschaftliche Erkenntnismethode. – Idealisierte Begriffe („Punkt", „absolut schwarzer Körper" u. a.) bezeichnen bekanntlich eine leere Klasse von Objekten; dennoch bedient man sich ihrer bei der Untersuchung real existierender Objekte. Zwischen Fertigkeiten und Können kann man keine *klare* Trennlinie ziehen, weder hinsichtlich ihrer Herausbildung und ihres Funktionierens, noch hinsichtlich der Produkte dieses Prozesses. Jedoch ist eine klare Abgrenzung dieser Begriffe notwendig, da sie die vielleicht einzige Voraussetzung nicht nur für die Theorie, sondern auch für die effektive Praxis der Ausbildung der sprachlichen Ausdrucksfähigkeit ist. Bedient man sich der Idealisierung als Erkenntnismethode [50], so kann man davon absehen, daß Fertigkeiten und Können nicht streng gegeneinander abgrenzbar sind, und die Fertigkeiten aus dem sprachlichen Können bedingt herauslösen und somit eine *bedingte* Grenze zwischen ihnen ziehen.

4. Die Auffassung von der Systemstruktur realer Objekte. – Diese Betrachtungsweise erhielt in den letzten Jahren den „Status eines allgemein wissenschaftlichen Prinzips" [52]. Nach A. R. Lurija läßt sich in jedem psychologischen Objekt eine Systemstruktur nachweisen. Auf dieser Grundlage kann das sprachliche Können als System betrachtet werden; es ist dann folgerichtig, die sprachlichen Fertigkeiten

als Elemente[1] dieses Systems aufzufassen. Das System des sprachlichen Könnens besteht also aus drei Subsystemen: dem grammatikalischen oder Struktur-, dem lexikalischen oder semantischen und dem phonetischen Subsystem.

5. Die Betrachtung der Phänomena Fertigkeit und Können unter verschiedenen Aspekten. – Tabelle I zeigt den Status von Fertigkeiten und Können unter verschiedenen Gesichtspunkten.

Tabelle I. Status von Fertigkeiten und Können unter verschiedenen Aspekten

Aspekt \ Erscheinung	Fertigkeit	Können
Psychologisch	Vorbedingung der Fähigkeit zu sprechen, ihre Grundeinheit	qualitativ neues Produkt; Fähigkeit, die sprachliche Tätigkeit zu steuern
Tätigkeitsbezogen	Handlung	Tätigkeit
Kybernetisch	Element	System
Physiologisch	Engramm; dynamischer Stereotyp	spezielle Schaltverbindung [12]; Neuronen-Ketten-Assoziation [21]
Linguistisch	Wort, konstante Wortverbindung, Syntagma, manchmal Phrase	neue Wortverbindungen, fast alle Phrasen, Einheiten oberhalb des Niveaus der Phrase

Wenden wir uns nun der detaillierten Betrachtung der einzelnen Erscheinungen zu.

3. Die sprachlichen Fertigkeiten

In einigen Arbeiten werden einzelne Eigenschaften der Fertigkeiten an sich [10, 18, 26] und der sprachlichen Fertigkeiten insbesondere [20] aufgezählt. Der Begriff „Fertigkeit" kann jedoch nur dann definiert werden, wenn der *gesamte Komplex* seiner Eigenschaften untersucht wird. Die am häufigsten erwähnte Qualität der Fertigkeit ist ihre „Automatisiertheit". Auf dieser beruht die verbreitete Definition: „Die Fertigkeit ist die automatisierte Komponente einer bewußt ausgeführten Tätigkeit" ([9] S. 320). Bei dem Versuch, den Inhalt des Begriffs „Automatisiertheit" zu erschließen, stellt man vor allem fest, daß eine automatisierte Handlung mit einer besonders hohen *Geschwindigkeit* ausgeführt wird, obwohl unter besonderen Umständen sogar eine hochgradig automatisierte Handlung langsamer als im Normalfall ablaufen kann.

[1] Der Terminus „Element" wird hier im kybernetischen Sinne verwendet; dies widerspricht nicht der Auffassung von der Fertigkeit als „Grundeinheit" des Könnens.

Die durch eine Fertigkeit bedingte Handlung, wenn man darunter „einzelne *Systeme* von Bewegungen oder Prozessen, aus denen sich die Tätigkeit zusammensetzt" ([51] S. 202) versteht, muß *fließend* verlaufen. Bei einer automatisierten Handlung wird das durch „kinetische Schemata" erreicht [35].

Voraussetzung hierfür ist, daß die Handlung zusammenhängend, synthetisch, nicht diskret, sozusagen ohne Nahtstellen verläuft, d. h. daß die auf einer Fertigkeit beruhende Handlung in sich *abgeschlossen* ist.

Das höchste Niveau der auf einer Fertigkeit beruhenden Handlung ist außerdem durch eine äußerste *Verminderung der Anspannung* gekennzeichnet. Auf dieser Grundlage definierte Ju. A. Samarin die Fertigkeit als „Reihen von Assoziationen (temporären Kopplungen), die – einen Stereotyp bildend – so schnell und genau wie möglich reproduziert werden können und ein Minimum an Nervenenergie erfordern" ([47] S. 356).

Die Anspannung vermindert sich mit der Interiorisation der Handlung, was sich als Abnahme der geistigen Anstrengung bemerkbar macht; die Handlung wird so in die Lage versetzt, Ausgangspunkt oder Ausführungsmodus einer anderen Handlung oder der gesamten Tätigkeit zu sein. Die Fertigkeit wird also zu einer *Bereitschaft*, d. h. der Fähigkeit, ohne zusätzliche bewußte Anstrengung eingeschaltet, aktualisiert zu werden.

Die Herausbildung einer Fertigkeit wird nicht nur von einer sich ständig verringernden Anspannung, sondern auch von einigen überflüssigen, für das Ergebnis der Handlung nicht relevanten Bewegungen begleitet, die allmählich abnehmen und letztendlich ganz verschwinden. Die Fertigkeit ist also durch einen *sparsamen Ausführungsmodus* der entsprechenden Handlung gekennzeichnet. Nicht zufällig tritt der Begriff „Modus" (Weise) auch in einigen Definitionen auf: „Automatisierter Ausführungsmodus einer Handlung" ([18] S. 148), oder eine „durch Übung gefestigte Handlungsweise" ([49] S. 425).

Die „Automatisiertheit" ist, wie wir gesehen haben, ein komplexer Begriff. Es wäre unbegründet Definitionen anzufechten, die diese Eigenschaft ganz oder teilweise hervorheben. Allerdings ist zu bemerken, daß die oben angeführten Definitionen nur in bestimmtem Kontext volle Gültigkeit besitzen. Es erscheint methodologisch falsch, ein Objekt nur durch eine einzige seiner Eigenschaften zu definieren. Die Fertigkeit weist auch andere Eigenschaften auf, die für ihr Funktionieren nicht weniger wichtig sind als die Automatisiertheit.

Eine dieser Eigenschaften ist die *Stabilität*. Diese wird oft nur nebenbei erwähnt, obwohl die Erscheinung einer sogenannten „Entautomatisierung" gut bekannt ist, die manchmal beim Einschalten einer Fertigkeit in die Tätigkeit auftritt. Es genügt folglich nicht, eine Handlung zu automatisieren, sie muß auch noch stabilisiert werden, d. h. „unempfindlich" gegen Einflüsse verschiedenster Art gemacht werden. Gewissermaßen muß also die Möglichkeit eines interferierenden Einflusses auf jede einzelne sprachliche Fertigkeit vorausgesehen werden, müssen die Faktoren aufgedeckt werden, die die Stabilität der Fertigkeit beeinträchtigen können bzw. während der Herausbildung der Fertigkeit diese „abhärten". Die auf der Fertigkeit beruhende Handlung muß allmählich auch unter diesen beeinträchtigenden Bedingungen trainiert werden, bevor sie in die freie Rede einbezogen wird. Deshalb erscheint es zweckmäßig, zwei Niveaus bei der Herausbildung von Fertigkeiten zu unterscheiden: die Entwicklung der Qualität „Automatisiertheit" und die Erarbeitung der Qualität „Stabilität".

Eine unbedingt notwendige Eigenschaft der sprachlichen Fertigkeit ist die *Disponibilität*, ohne die die Fertigkeit nicht transferierbar ist und ein „Ding an sich" bleibt. Die Disponibilität kann man unter zwei Aspekten betrachten:

a) als Bereitschaft, in einer neuen Situation eingesezt zu werden;

b) als Fähigkeit, auf der Grundlage von neuem Sprachmaterial zu funktionieren.[2]

Erstere ist das Ergebnis wiederholten Einsatzes in vorangegangenen Situationen der gegebenen Klasse. Letztere wird durch die Verwendung einer genügenden Menge an Material, das in seiner Variativität invariant ist, im Verlauf der Herausbildung der auf der Fertigkeit beruhenden Handlung erworben. Im Bewußtsein des Sprechenden tritt – mit den Worten S. L. RUBINŠTEJNs gesprochen – „ein nicht mit Details belastetes Schema" auf.

Es ist außerordentlich wichtig darauf hinzuweisen, daß die Disponibilität der Fertigkeit nicht erst *nach* der Erarbeitung der anderen Eigenschaften *erworben wird*, daß sie sich vielmehr *während* der Schaffung der Automatisiertheit und der Stabilität durch spezifische Übungen *herausbildet*. Einige Psychologen betrachten jedoch die Disponibilität der Fertigkeit getrennt von der Fertigkeit selbst. Zum Beispiel schreibt Z. I. CHODŽAVA: „Jegliche auf einer Fertigkeit beruhende Handlung ist lediglich eine *Wiederholung* (Hervorhebung – E. P.) der Vergangenheit in der Gegenwart" ([55] S. 8). Uns erscheint dagegen die Auffassung N. A. BERNŠTEJNs begründeter, der sagt, daß „auf Fertigkeiten beruhende Bewegungen niemals kongruent sind" [5]. Gerade deshalb muß die Fertigkeit selbst disponibel sein, nicht nur das Können. Andernfalls wäre es schwer vorstellbar, woher die Disponibilität des Könnens resultieren sollte. Das Niveau der Disponibilität, ihre „Breite", ist natürlich bei Fertigkeit und Können unterschiedlich.

Ein weiteres Merkmal der Fertigkeit als Handlung ist ihre *relative Komplexität*: sie kann aus kleineren, elementaren Handlungen zusammengesetzt sein, andererseits auch selbst Bestandteil einer komplexeren Fertigkeit sein. Die Struktureinheiten der Tätigkeit sind beweglich, sie können in kleinere Einheiten zerfallen oder sich vergrößern [31]. Im gleichen Maße, wie die Fertigkeiten im System des gesamten sprachlichen Könnens gemeinsam funktionieren, vergrößert sich ihr „Umfang". Einzelne Fertigkeiten vereinigen sich zu einer „Kette von Fertigkeiten", wodurch der automatische Ablauf, d. h. die Geschwindigkeit, die Flüssigkeit der Rede erhöht wird, weil sich „besondere Verbindungen innerhalb des Systems" ([26] S. 237) bilden und das Können bereits in „fest verdrahteter Form an die tiefer liegenden neurologischen Niveaus übergeben wird" [31]. Die Möglichkeiten eines „Wachstums

[2] Interessant ist in diesem Zusammenhang, daß in [27] der Transfer als Bewertungsmaßstab für den Herausbildungsgrad einer Fertigkeit vorgeschlagen wird.

der Fertigkeiten" sind begrenzt, da das Sprechen nicht völlig automatisiert werden kann: es ist für die Anwendung in unendlich vielfältigen Kommunikationssituationen vorgesehen.

Erinnern wir zum Schluß an eine der umstrittensten Eigenschaften der Fertigkeit – ihre *„Bewußtheit"*.

Unter den Psychologen besteht bekanntlich keine einheitliche Meinung über die Beteiligung des Bewußtseins an der Fertigkeit [7, 46 u. a.]. Die einen sind der Ansicht, daß „Fertigkeiten immer bewußte Handlungen bleiben, wie stark sie auch immer automatisiert sein mögen" ([42] S. 25), daß sie „auf das engste mit dem Bewußtsein verbunden sind" ([44] S. 418), daß sie „unter Kontrolle des Bewußtseins realisiert werden" ([13] S. 133). Andere sind der Auffassung, daß die Fertigkeit „automatisch, d. h. ohne Beteiligung des Bewußtseins" [3], „ohne Zuhilfenahme des Denkens" [55, 56] funktioniert.

Uns scheint, daß die genannten Unterschiede in der Auffassung zwei Ursachen haben. Die erste ist eine unklare Unterscheidung zwischen „Fertigkeit" und „Können"; in diesem Fall wird die Bewußtheit des Könnens für die „Bewußtheit" der Fertigkeit gehalten. Die zweite ist eine Verwechslung des *Prozesses des Funktionierens* der Fertigkeit mit ihrer inneren *Eigenschaft*.

Die „Bewußtheit" ist eine *Eigenschaft* der Fertigkeit, die sie dank der Beteiligung des Bewußtseins bei der Herausbildung der Fertigkeit besitzt. Während des Funktionierens der Fertigkeit bleibt die Bewußtheit sozusagen hinter der Automatie der Handlung verborgen.[3] Deshalb steht das Wort „Bewußtheit" auch in Anführungszeichen. Es ist *notwendig*, daß die Fertigkeit (jede einzelne Fertigkeit) im Verlauf der Rede „ihre Bewußtheit nicht offenbart". Das heißt jedoch nicht, daß die Fertigkeit nicht mit dem Bewußtsein verbunden wäre; sie ist wie jede unterbewußte Handlung (die ohne Kontrolle der willkürlichen Aufmerksamkeit, nicht – wie das Können – auf dem Niveau der aktuellen Bewußtheit, sondern auf dem Niveau der bewußten Kontrolle realisiert wird) mit der bewußten Tätigkeit verbunden [41, 58]. Gerade deshalb schreibt auch S. L. RUBINŠTEJN, daß die Fertigkeit eine *„Einheit* von Automatismus und Bewußtheit" ist.

Das Gesagte gestattet uns den Schluß, daß die Fertigkeit ein ganzer autonomer Komplex von Eigenschaften ist. Diese sind in der folgenden Tabelle dargestellt (Tab. II).

Die Analyse zeigt den innerlich bedingten Systemcharakter dieser Eigenschaften. Das weist auf die Notwendigkeit hin, alle Eigenschaften im Komplex herauszubilden.

Versuchen wir nun, eine Definition der Fertigkeit zu geben.

Oben wurde darauf hingewiesen, daß es methodologisch falsch wäre, die Fertigkeit nur mit Hilfe einer ihrer Eigenschaften zu definieren, etwa: „die Fertigkeit ist die automatisierte (stabile, disponible usw.) Komponente der bewußten Tätigkeit".

[3] Unter „Automatie" verstehen wir die Gerichtetheit des Bewußtseins auf Ziel und Inhalt der Handlung, nicht auf Art und Weise ihrer Ausführung.

Tabelle II. Eigenschaften der sprachlichen Fertigkeit

Automatisiertheit											
Geschwindigkeit	Ganzheit	Flüssigkeit	Geringes Niveau der Anspannung	Sparsamkeit	Einsatz-bereitschaft	Stabilität	Disponibilität	Verallgemeinertheit	„Bewußtheit“	Automatie	relative Komplexität

Die bekannte Definition S. I. RUBINŠTEJNS ([43] S. 462), in der sehr gut die dialektisch widersprüchliche Natur der Fertigkeit hervorgehoben wird, ist keine Definition im eigentlichen Sinne, sondern eher eine *Charakterisierung* der Fertigkeit ([34] S. 52).

Richtiger erscheint uns eine Definition, die das *funktionelle Wesen* der sprachlichen Fertigkeiten als Teilhandlungen widerspiegelt, und zwar durch einen solchen Begriff, der, ohne alle Eigenschaften der Fertigkeit aufzuzählen, diese in sich „in komprimierter Form“ einschließt. Ein solcher Begriff ist der Terminus „Vorbedingung“. Wenn die Fertigkeiten Vorbedingungen für die Realisierung der sprachlichen Tätigkeit werden können, heißt das auch, daß sie in genügendem Maße automatisiert, disponibel, stabil usw. sind, d. h. daß sie *alle* diese Eigenschaften aufweisen, und umgekehrt: wenn die Fertigkeiten alle notwendigen Eigenschaften im Komplex aufweisen, bedeutet das, saß sie als Vorbedingungen für die Realisierung der Tätigkeit dienen können.

Wir kommen also zu folgender Definition: *Die Fertigkeit ist eine relativ selbständige Handlung im System der bewußten Tätigkeit, die dank des Vorhandenseins eines ganzen Komplexes von Eigenschaften zu einer Vorbedingung für die Realisierung der Tätigkeit wird.*

Es werden drei Arten von sprachlichen Fertigkeiten unterschieden: lexikalische, grammatikalische und phonetische. Daher treten im sprachlichen Können auch drei entsprechende Subsysteme von Fertigkeiten auf.

Jede der aufgeführten Arten von Fertigkeiten besitzt ihre eigene Spezifik und setzt sich aus mehreren Komponenten zusammen.

Die lexikalische Fertigkeit als komplexe Handlung umfaßt mindestens drei einzelne elementare Fertigkeiten:

a) Überführung einer lexikalischen Grundeinheit aus dem Langzeitgedächtnis in das operative Gedächtnis;
b) sofortige Verknüpfung der ausgewählten lexikalischen Einheit mit der vorangegangenen und/oder der folgenden;
c) Bewertung der Adäquatheit von Wahl und Verknüpfung bezüglich der jeweiligen Situation.

Da die dritte Komponente mit den ersten beiden zusammenhängt und sozusagen auf die verteilt ist, kann man die lexikalische Fertigkeit in zwei Operationen zerlegen:

1. die Operation des situationsbezogenen Aufrufes eines Wortes;
2. die Operation der Verknüpfung dieses Wortes.

Die lexikalischen Fertigkeiten sind somit synthetisierte Handlungen, die den Aufruf lexikalischer Grundeinheiten entsprechend den Absichten des Sprechenden und ihre richtige Verknüpfung untereinander umfassen, die in Form von Fertigkeiten ablaufen und die eine situationsbezogene Verwendung der gegebenen lexikalischen Grundeinheiten als Vorbedingungen der sprachlichen Tätigkeit gewährleisten.

Auch jede grammatikalische Fertigkeit ist eine relativ komplexe Handlung. Sie beinhaltet:

a) die Wahl eines Modells, das der Absicht des Sprechenden in der gegebenen Situation adäquat ist;
b) die Formierung von Grundeinheiten, mit denen das gewählte Modell entsprechend den Sprachnormen und einem temporären (zeitlichen) Parameter „aufgefüllt" wird;
c) die Bewertung der Richtigkeit der Gestaltung und der adäquaten Wahl des Modells.

Die Analogie zu den Komponenten der lexikalischen Fertigkeit ist zum größten Teil äußerlich: die Mechanismus, auf denen beide Arten von Fertigkeiten beruhen, sind unterschiedlich (ausführlicher hierzu siehe [39]). Die dritte Komponente beruht auf dem Mechanismen des verfolgenden Beobachtens, der – wie auch bei der lexikalischen Fertigkeit – die beiden Teiloperationen kontrolliert.

Innerhalb der grammatikalischen Fertigkeit kann man ebenfalls zwei Operationen unterscheiden:

1. die Operation der Wahl des Modells;
2. die Operation der Gestaltung des Modells.

Die grammatikalischen Fertigkeiten sind also Handlungen komplexer Struktur, die in Form von Fertigkeiten ausgeführt werden und eine der Situation entsprechende morphologisch und syntaktisch richtige Gestaltung von sprachlichen Grundeinheiten beliebigen Niveaus als Vorbedingungen der sprachlichen Tätigkeit gewährleisten.

Die Operation der Gestaltung ist nicht nur auf das engste mit den beiden Operationen der lexikalischen Fertigkeit verbunden, sondern hängt auch vom Niveau ihres Funktionierens ab.

Nicht weniger spezifisch sind die phonetischen Fertigkeiten.

Diese gehören zu den motorisch-sprachlichen Fertigkeiten.

Nach ihren morphologischen Mechanismen lassen sie sich weder der ersten noch der zweiten Signalstufe eindeutig zuordnen.

Nach ihrer Zusammensetzung sind sie elementar (Aussprache eines Lautes) oder integriert (Aussprache von Worten, Syntagmen) ([59] S. 83).

Es gibt beim Sprechen keine Aussprache an sich. Da jede sprachliche Einheit Träger einer gewissen kommunikativen Funktion ist, wird sie dementsprechend intoniert.

Folglich umfaßt auch die phonetische Fertigkeit zwei Operationen:

1. die Operation des Aussprechens;
2. die Operation des Intonierens.

Die Intonationsoperation besitzt — im Gegensatz zur Ausspracheoperation — die Eigenschaft der Situationsbezogenheit; wie wird deshalb durch die sprachliche Aufgabe beeinflußt. Nicht zufällig tragen die rhythmischen Lautäußerungen von Kindern bereits in frühem Alter eine semantische Last ([57] S. 101).

Die phonetischen Fertigkeiten sind also synthetisierte Handlungen, die in Form von Fertigkeiten realisiert werden, und die eine der Situation adäquate lautliche Gestaltung der sprachlichen Grundeinheiten gewährleisten.

Beim Sprechen sind lexikalische, grammatikalische und phonetische Fertigkeiten eng miteinander verbunden und bedingen sich gegenseitig. Das folgende Schema soll dies in vereinfachter Form am Beispiel einer *einzelnen* Fertigkeit verdeutlichen (Tabelle III)

Tabelle III. Die gegenseitigen Abhängigkeiten der Operationen in den Fertigkeiten

Phonetische Fertigkeit	↑ Ausspracheoperation ←→	Intonations-operation
Grammatikalische Fertigkeit	Auswahl-operation ←→	Gestaltungs-operation
Lexikalische Fertigkeit	↓ Aufrufoperation ←→	Verknüpfungs-operation

Alle betrachteten Typen von Fertigkeiten bilden zusammen das *operationelle Niveau* des Könnens.

Dieses Niveau ist jedoch nicht das Können selbst, da sich „die funktionellen psychischen Systeme ihren Eigenschaften nach nicht auf die einfache Summe ihrer Elemente zurückführen lassen" ([25] S. 10). Sie besitzen stets ihre eigenen Merkmale ([1] S. 7). Das sprachliche Können an sich ist das *Niveau des motivierten Denkens*. Wenden wir uns nun seiner genaueren Betrachtung zu.

4. Das sprachliche Können

Diese Erscheinung wird in der Literatur sehr unterschiedlich definiert.

Die Mehrzahl der Autoren neigt dazu, das sprachliche Können als eine Fähigkeit zu definieren, wobei sie jeweils nur *eine* seiner Seiten betonen: Das sprachliche Können sei die Fähigkeit, die Erfahrung zu mobilisieren, die Elemente der Erfahrung zu integrieren, unter neuen Bedingungen zu handeln, neue Verfahren zu finden, leicht zu handeln, selbständig zu handeln, optimal zu handeln.

Gegen die angeführten Fähigkeiten ist kaum etwas einzuwenden, da sie alle zum Können gehören. Erstens kann man jedoch kein Objekt allein durch Nennung einer seiner Eigenschaften definieren, wenn alle gleich wichtig sind; zweitens umfaßt das *sprachliche* Können neben dem Genannten noch die Fähigkeit, aus dem Stegreif zu handeln (die Improvisation), und die Fähigkeit, ein Produkt bestimmter Qualität hervorzubringen, usw., d. h. es wäre eine *vollständige* Aufzählung all dieser Fähigkeiten anzugeben, wodurch die Definition zu umfangreich werden würde.

In vielen Fällen, wo das Können als Fähigkeit definiert wird, wird es implizit auch als Produkt charakterisiert, d. h. als Fähigkeit, die durch die Tätigkeit erworben wurde. Explizit kommt dies jedoch nur in wenigen Definitionen zum Ausdruck. So schrieb z. B. P. N. Gruzdev, das Können sei eine „qualitativ neue Seite (Stufe) in der Kultur der Arbeit . . ." ([17] S. 115–116). Später vertrat auch Z. I. Chodžava diesen Standpunkt: das Können sei eine „neue Qualität, die sich von Wissen und Fertigkeiten unterscheidet, etwas ‚*Erworbenes*'" ([55] S. 10).

Die Auffassung, das Können sei eine neue Qualität („Stufe", „Erworbenes", wir würden sagen – „Niveau"), erscheint absolut richtig. Man muß jedoch im Auge behalten, daß das Können eine *Tätigkeit* ermöglicht, nicht diskrete Handlungen. Deshalb können wir weder Z. I. Chodžava selbst darin zustimmen, daß „das Können durch die Aneignung einer *beliebigen Fertigkeit* entsteht" (Hervorhebung – E. P.), noch L. G. Voronin und Mitarb., die der Meinung sind, daß das Wort „können" sowohl den schöpferischen Akt als auch die Realisierung einer automatisierten *Fertigkeit* charakterisieren kann ([13] S. 112).

Einzelne Definitionen des Könnens unterstreichen in gelungener Weise seinen Prozeß- oder Tätigkeitsaspekt. Zum Beispiel: „*Anwendung* von Wissen und Fertigkeiten unter den gegebenen konkreten Bedingungen" [47]; „*Regulierung* der Handlungen" [23]; „*Beherrschung* eines komplexen Systems von psychischen und praktischen Handlungen . . ." ([38] S. 158–159).

In diesen Definitionen wird jedoch dem Wissen gegenüber den Fertigkeiten zuviel Platz eingeräumt, was für eine Definition des *sprachlichen* Könnens kaum richtig sein dürfte. Manchmal wird das Können überhaupt als „Anwendung von *Wissen* in der Praxis" ([40] S. 102) bezeichnet. Das ist für jede Art von Können falsch.

Wir versuchen jetzt, das sprachliche Können zu definieren. Dazu müssen wir jedoch vorher die Grundeigenschaften des sprachlichen Könnens betrachten. „Die wichtigste Aufgabe bei der Untersuchung psychologischer Systeme ist es", schreibt B. B. Kossov, „ihre wesentlichsten Elemente herauszulösen und diejenigen Besonderheiten dieser Elemente, die die Synthese des Systems bedingen, zu finden" ([25] S. 17).

Wir erinnern daran, daß das Können hier in seinem tätigkeitsbezogenen Aspekt analysiert wird. Von diesem Gesichtspunkt aus unterscheiden wir sechs Grundeigenschaften. Die Gruppierung der untersuchten Eigenschaften ist in gewissem Maße relativ, da das Können nicht einfach die Gesamtheit, sondern ein sehr komplexes System von Eigenschaften ist.

1. *Die Zielgerichtetheit*

Das Ziel als Kategorie widerspiegelt eine der Seiten der geistigen Tätigkeit des Menschen. Es steht im Zusammenhang mit der Antizipation, drückt Bedürfnis und Interesse aus und äußert sich im Denken ([53] S. 122–155).

Bekanntlich ist es das Ziel der sprachlichen Tätigkeit, das Verhalten des Gesprächspartners zu beeinflussen. Dieses Ziel regiert beim Können – nach der Terminologie von CH. MORRIS – die Einhaltung semantischer und pragmatischer Regeln ([61] S. 95–97). Die Einhaltung pragmatischer Regeln ist eine alleinige Eigenschaft des Könnens, sie wird auf dem Niveau der aktuellen Bewußtheit realisiert. Dadurch wird gewährleistet:

a) die Einschätzung der Ausgangssituation (Mikro- und Makro-) in ihrem Verhältnis zum Ziel;
b) die Verwendung von Wissen über den Gegenstand der Rede;
c) die Einschätzung von Rückkopplungssignalen und das Treffen von Entscheidungen während des Gesprächs.

Deshalb kann man sagen, daß die Zielgerichtetheit *Strategie und Taktik* der Rede bestimmt, oder, allgemeiner, daß das sprachliche Können die *Steuerung* der sprachlichen Tätigkeit ermöglicht. Unter der Steuerung der sprachlichen Tätigkeit verstehen wir, daß ständig Motiv und Ziel (sowohl das Haupt- als auch die Zwischenziele), die Rückkopplungssignale (Reaktionen des Gesprächspartners), die eigenen Reaktionen, ihre beabsichtigte Wirkung, die Situation und die äußeren Umstände miteinander verglichen werden, um den Gesprächspartner als System in einen anderen Zustand zu versetzen.

2. *Die Dynamik*

Als Dynamik wird eine Eigenschaft des *Funktionierens* des Könnens, nicht seiner Herausbildung bezeichnet.

Wird ein Organismus mit einer neuen Situation konfrontiert, die eine bis dahin in der Erfahrung nicht vorhandene Kombination bereits erworbener temporärer Verbindungen erfordert, so ist es zur Durchführung einer adäquaten Tätigkeit notwendig, daß „sich auf der Grundlage der bereits bestehenden Verbindungen speziell für diesen Zweck eine Vielfalt feinster und disponibler *dynamischer Verbindungen* herausbildet“ [12]. Eine besondere Form solcher Verbindungen sind „Neuronen-Ketten-Assoziationen“ ([21] S. 72).

Diese speziellen dynamischen Verbindungen werden in jeder Hinsicht unvorbereitet ausgebildet: bezüglich der verwendeten Kombinationen, der Situation und des Kontextes, initiativ und improvisiert.

Da unsere Betrachtung nicht aus der Sicht des Sprechenden, sondern aus der Sicht des Könnens erfolgt, müssen wir Initiative und Improvisation als Eigenschaften der *Operativität* bezeichnen, und die hinsichtlich Situation und Kontext bestehende Unvorbereitetheit als *Übertragbarkeit.*[4] Letztere unterscheidet sich von der Stabilität, die wir bei der Fertigkeit betrachtet hatten, durch das Niveau der Fertigkeit und den Anwendungsbereich.

Die Dynamik als Eigenschaft des Könnens beruht auf bestimmten Eigenschaften der Fertigkeit, wie in Tabelle IV gezeigt wird.

Tabelle IV

Dynamik					
Einsatzbereitschaft	Geringes Niveau der Anspannung	Geschwindigkeit der Handlung	Stabilität	Disponibilität	Automatie

3. *Die Produktivität*

Die Produktivität als Eigenschaft des Könnens ist die Fähigkeit, in der sprachlichen Tätigkeit Grundeinheiten auf dem Niveau der Wortverbindung und der Redewendung sowie Einheiten oberhalb des Niveaus der Redewendung zu verknüpfen, was man als *interstereotypes Kombinieren* bezeichnen kann. Die physiologische Grundlage dafür ist eine spezielle temporäre Kopplung, die psychologische Grundlage – das Assoziieren und die Diskursivität. Die Produktivität drückt sich außerdem im Wortreichtum aus.

Die Produktivität beruht auf folgenden Eigenschaften der Fertigkeit (Tab. V).

Tabelle V

Produktivität			
Automatisiertheit (im ganzen)	Stabilität	Disponibilität	Automatie

4. *Die Integriertheit*

Unter der Integriertheit ist das „Fest-verdrahtet-sein" der Fertigkeiten zu verstehen, das durch ihre „aktive Synthese" [14] entsteht. Im sprachlichen Können sind folgende Komponenten integriert:

a) Fertigkeiten unterschiedlicher Art;
b) Fertigkeiten verschiedenen Grades und verschiedenen Niveaus von Automatisiertheit, Stabilität, Disponibilität und Komplexität;
c) automatisierte und nicht automatisierte Komponenten.

[4] Die Kombinierbarkeit zählen wir mit zur Produktivität; siehe dazu auch die folgenden Ausführungen.

Zu den letzten zählt man Lebenserfahrung, Wissen, die emotionale Sphäre u. ä., d. h. „Modelle von Objekten der Umwelt“, „Modelle des eigenen Zustandes“ u. a. (N. M. AMOSOV).

„Das funktionelle System,“ schreibt P. K. ANOCHIN, „stellt in allen Fällen des Funktionierens von Organismen eine universelle *integrative* Grundeinheit dar.“ ([48] S. 4). In unserem Falle heißt das, daß die Integration sowohl innerhalb der einzelnen Niveaus (des operativen und des Niveaus des motivierten Denkens) als auch zwischen ihnen stattfindet.

Da das sprachliche Können ein *qualitativ* neues Niveau darstellt, kann es – dank der Integration – periodisch auf höhere Niveaus übergehen, was von dem Sprechenden als plötzliche unerwartete Leichtigkeit in der Sprachausübungen empfunden wird [5]. Diese Erscheinung kann man „Phänomen der Gelöstheit“ nennen.

Die Integriertheit basiert auf drei Eigenschaften der Fertigkeit (Tab. VI).

Tabelle VI

Integriertheit		
Automatisiertheit	Stabilität	Relative Komplexität

5. Die Selbständigkeit

Im physiologischen Sinne ist das sprachliche Können autonom: das Sprechen in einer Sprache ist die Aktualisierung von Verbindungen in eben dieser Sprache. Eine Bezugnahme auf die Muttersprache des Sprechenden findet nicht statt.

Ein anderer Aspekt der Selbständigkeit ist die Fähigkeit des Könnens, unabhängig von unmittelbar wahrnehmbaren verbalen und/oder illustrativen Stützen – z. B. Vorsagen, „Eselsbrücken“ – zu funktionieren.

Die Selbständigkeit beruht ebenfalls auf drei Eigenschaften der Fertigkeit (Tab. VII).

Tabelle VII

Selbständigkeit		
Autonomie	Unabhängigkeit von Stützen	
Stabilität	„Bewußtheit“	Automatie

6. Die hierarchische Struktur

In vielen Arbeiten [6, 11, 37, 60 u. a.] wird auf die hierarchische Struktur psychophysiologischer Erscheinungen hingewiesen.

Die Hierarchie des sprachlichen Könnens läßt sich vor allem durch die Grundniveaus darstellen: das operative Niveau (die Fertigkeiten als Basis) und das Niveau des motivierten Denkens (das Können selbst).

Innerhalb dieser Niveaus bilden sich im Verlauf der Entstehung des Könnens Unterniveaus heraus.

Im operativen Niveau unterscheidet man drei Ebenen von Unterniveaus: die Ebene der Operationen, die Ebene der Fertigkeiten und die Ebene der Ketten von Fertigkeiten. Diese Ketten bilden sich durch Erhöhung des Automatisiertheitsgrades der Elemente des Systems, durch deren Stabilität infolge gemeinsamen Funktionierens und ihre Verkettung mit anderen. Das „Wachstum" der Ketten ist nicht unbegrenzt möglich, da sonst alles in der Sprache automatisierbar sein müßte.

Wesentlich schwieriger ist es, die hierarchische Struktur im Niveau des motivierten Denkens aufzudecken.

Offensichtlich ist hier vor allem die Ebene der eigentlichen Qualitäten des Könnens hervorzuheben, die auf dem Boden der Eigenschaften der Fertigkeiten gewachsen sind.

Anschließend müßte man, „von unten nach oben" gehend, einzelne, sich jedoch gegenseitig bedingende Sphären betrachten: die Sphäre der Emotionen und des Willens, die Sphäre der Erkenntnisprozesse (das Gedächtnis als Grundlage der Erfahrung, das Denken, die Vorstellung), die intellektuelle Sphäre (Veranlagungen). Strenggenommen sind dies nicht Sphären des sprachlichen Könnens, sondern Sphären des Menschen als Persönlichkeit; sie sind jedoch auf das engste mit dem sprachlichen Können verbunden und bilden sozusagen eine seiner Seiten.

Dasselbe trifft auch für die führende Sphäre zu, die sozusagen über allen anderen steht – die Motivationssphäre. Sie wird von den anderen Sphären „gespeist"

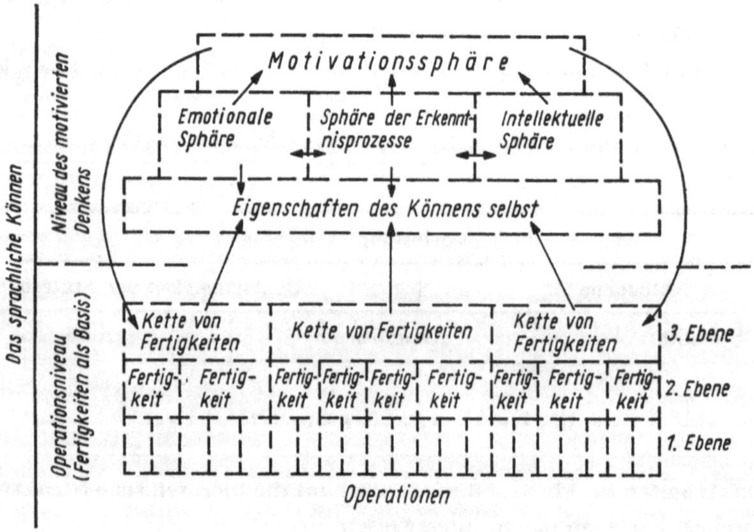

Abb. 1. Hierarchische Struktur des sprachlichen Könnens als System

wie eine Glühlampe von Batterien; das „Licht" der Motivationssphäre „beleuchtet" seinerseits alles, was in den niederen Sphären vor sich geht.

In Abbildung 1 ist das Gesagte zu einem Schema zusammengefaßt.

Versuchen wir nun, eine Definition des sprachlichen Könnens zu geben.

Methodologisch erscheint es richtig, das sprachliche Können mit Hilfe des Begriffes „Steuerung" zu definieren, der in komprimierter Form alle Merkmale des Könnens sowie seine funktionelle, tätigkeitsbezogene Ausrichtung wiedergibt.

Das sprachliche Können ist also die *Fähigkeit. die sprachliche Tätigkeit während der Lösung von Kommunikationsaufgaben zu steuern.*

Eine solche globale Definition schließt die Möglichkeit nicht aus, das Können unter verschiedenen Gesichtspunkten zu definieren.

Unter physiologischem Gesichtspunkt ist das sprachliche Können eine spezielle Schaltverbindung, die auf der Basis des Systems von sprachlichen dynamischen Stereotypen realisiert wird.

Unter kybernetischem Gesichtspunkt ist das sprachliche Können ein komplexes hierarchisches System, das aus Elementen von unterschiedlichem Komplexitäts- und Organisationsgrad besteht und das zielgerichtet für die Lösung von Kommunikationsaufgaben eingesetzt wird.

Unter psychologischem Gesichtspunkt ist das sprachliche Können ein qualitativ neues Produkt, das die Fähigkeit der Steuerung der sprachlichen Tätigkeit während der Lösung von Kommunikationsaufgaben gewährleistet.

Unter dem Gesichtspunkt der Tätigkeit ist das sprachliche Können eine bewußte Tätigkeit, die auf einem System von unterbewußt funktionierenden Handlungen beruht und auf die Lösung von Kommunikationsaufgaben gerichtet ist.

Die hier vorgeschlagene Betrachtungsweise der Struktur des sprachlichen Könnens als System bringt unserer Meinung nach nicht nur eine größere Klarheit in die Theorie dieser Problematik, sie wird sich auch unmittelbar auf die Organisation des Ausbildungsprozesses des sprachlichen Könnens auswirken.

Zusammenfassung

In der vorliegenden Arbeit wird versucht, auf der Grundlage der Annahme einer Systemstruktur, der Idealisierung als wissenschaftlicher Erkenntnismethode und anderer methodologischer Voraussetzungen die Struktur des sprachlichen Könnens zu beschreiben. – In der hierarchischen Struktur des sprachlichen Könnens werden bedingt zwei Grundniveaus unterschieden und beschrieben: das operationelle Niveau (Operationen → Fertigkeiten → Ketten von Fertigkeiten) und das Niveau des motivierten Denkens (die Eigenschaften des Könnens selbst – Zielgerichtetheit, Dynamik, Produktivität, Integriertheit u. a. – sowie die Sphären des Menschen als Persönlichkeit – die Motivationssphäre, die emotionelle Sphäre, die intellektuelle Sphäre u. a.). – Beide Niveaus funktionieren als ein einheitliches System. – Das sprachliche Können wird definiert als die Fähigkeit, die sprachliche Tätigkeit bei der Lösung von Kommunikationsaufgaben zu steuern. Unter Fertigkeiten (lexikalischen, grammatikalischen und phonetischen) werden die „Einheiten" des sprachlichen Könnens, seine „kleinsten Zellen", also diejenigen Tätigkeiten verstanden, die – dank einer Reihe spezieller Eigenschaften – Vorbedingungen für das Funktionieren der gesamten sprachlichen Tätigkeit sind. Im Gegensatz zu den motorischen Fertigkeiten sind die sprachlichen Fertigkeiten situationsbezogen und von den sprachlichen Aufgaben des Sprechenden geprägt, wodurch ihre Übertragbarkeit gewährleistet ist. – Eine solche Interpretation des Charakters der sprachlichen Fertigkeiten und des sprachlichen Könnens insgesamt hat eine prinzipielle Bedeutung für die Ausbildung des Sprechens in einer Fremdsprache.

Summary

The present article is intended as a description of the speech performance on the basis of the system-structural approach, of the idealisation as a method of a scientific theory of knowledge and other methodological principles. – The hierarchy structure of the speech performance is conditionally devided into two basic levels: the operative one (operations → skills → strains of skills) and the thinking-motivational one (the qualities of the speech performance as such – single-mindedness, dynamic ability, productivity, integrativity etc. plus the psychic spheres of man as a personality – the motivational, the emotional, the intellectual ones etc.). – Both of the levels function as an integral system. – The speech performance is defined as an ability to rule the speech activity consisting of permanent solving of communicational problems. The skills (lexical, grammar and phonetic) are regarded as „units" of the speech performance, his „cells", actions which due to a number of their qualities are the preconditions of functioning of the speech activity on the whole. The speech skills differ from moving skills with their strong reference to a situation and are marked with some aims of the speaker, which make them possible for transfer. – Such an interpretation of speech skills and speech performance is of prime importance for foreign language teaching.

Резюме

В статье на основе системно-структурного подхода, идеализации как метода научного познания и других методологических полежений описана структура речевого умения (умения говорить). В иерархической структуре речевого умения условно выделены и описаны два основных уровня: операционный (операции навыки → цепочки навыков) и мотивационно-мыслительный (качества собственно умения – целенаправленность, динамичность, продуктивность, интегрированность и др. плюс сферы человека как личности – мотивационная, эмоциональная, интеллектуальная и др.) – Оба уровня функционируют как целостная система. – Речевое умение определяется как способность управлять речевой деятельностью в условиях решения коммуникативных задач. Навыки (лексические, грамматические, призносительные) понимаются как „единицы" умения, его „клеточки", как действия, которые, благодаря обладанию рядом качеств, являются условиями финкционирования всей речевой деятельности. Речевые навыки, в отличие от двигательных, обладают ситуативной отнесенностью и маркированы речевыми задачами говорящего, что обеспечивает их способность к переносу. – Такая трактовка характера речевых навыков и речевого умения имеет принципиальное значение для обучения иноязычной речи.

Literatur

1. ANOCHIN, P. K.: Vorwort zur russischen Ausgabe von F. GEORGE: Mozg kak vyčislitel'naja mašina (Das Gehirn als Rechenmaschine). Moskau 1963.
2. ARTEMOV, V. A.: Psichologija obučenija inostrannym jazykam (Die Psychologie der Fremdsprachenausbildung). Moskau 1969.
3. BELJAEV, B. V.: Očerki po psichologii obučenija inostrannym jazykam (Studien zur Psychologie der Fremdsprachenausbildung). Moskau 1965.
4. BELJAKOVA, L. D.: Sistema rečevych upražnenij dlja razvitija navyka govorenija na 4 kurse

jazykovogo vuza (Ein System von Sprachübungen zur Entwicklung der Sprechfertigkeit im 4. Studienjahr an Sprachhochschulen). Dissertation A. Moskau 1967.

5. BERNŠTEJN, N. A.: Očerki po fiziologii dviženij i fiziologii aktivnosti (Studien zur Physiologie der Bewegungen und zur Physiologie der Aktivität). Moskau 1966.

6. BŽALAVA, I. T.: Ustanovka i mechanizmy mozga (Anlage und Mechanismen des Gehirns). Tbilisi 1971.

7. BOGDANOVA, D. Ja.: Osoznavanije dviženij v processe ovladenija dvigatel'nym navykom. Tezisy dokladov na soveščanii po psichologii 1–6 ijunja 1955 g." (Die Bewußtmachung der Bewegungen im Prozess der Aneignung einer motorischen Fertigkeit. Thesen der Vorträge des psychologischen Kongresses, 1.–6. Juni 1955). Moskau 1955.

8. BOGOJAVLENSKIJ, D. N.: Psichologija usvoenija orfografii (Die Psychologie der Aneignung der Orthografie). Moskau 1966.

9. BOGOJAVLENSKIJ, D. N., und MENČINSKAJA, N. A.: Psichologija učenija (Psychologie des Lernens), Psichologičeskaja nauka v SSSR (Psychologische Wissenschaft in der UdSSR), Teil II. Moskau 1960.

10. BOJKO, E. I.: K postanovke problemy umenij i navykov v sovremennoj psichologii (Zur Problematik von Können und Fertigkeiten in der modernen Psychologie). Sovetskaja Pedagogika 1955, Nr. 1.

11. BOJKO, E. I.: Ešče raz ob umenijach i navykach (Noch einmal über Können und Fertigkeiten). Vopr. Psichol. 1957, Nr. 1.

12. BOJKO, E. I.: Vremja reakcii celoveka (Die Reaktionszeit des Menschen). Moskau 1964.

13. VORONIN, L. G., BOGDANOVA, I. I., und BURLAKOV, Ju. A.: Artikelserie in: Novye issledo. vanija v pedagogičeskich naukach (Neue Untersuchungen in den pädagogischen Wissenschaften), Ausgaben V, VI, VIII, IX, X, XI. 1965 bis 1967.

14. VYGOTSKIJ, L. S.: Izbrannye psichologičeskie issledovanija (Ausgewählte psychologisch-Untersuchungen)· Moskau 1956.

15. GAL'PERIN, P. Ja., ZAPOROŽEC, A. V.. und EL'KONIN, D. P.: Problemy formirovanija znanij i umenij u škol'nikov i novye metody obučenija v škole (Probleme der Herausbildung von Wissen und Können bei Schülern und neue Unterrichtsmethoden in der Schule). Vopr. Psichol. 1963, Nr. 5,

16. GOCKIN, N. G.: Obucenije učaščichsja V–VI kl. 8-letncj školy audirovaniju na nemeckom jazyke (Die Ausbildung von Schülern der 5. und 6. Klasse einer Achtklassenschule zum verstehenden Hören in der deutschen Sprache). Autorreferat, Dissertation A. Leningrad 1970.

17. GRUZDEV, P. N.: Voprosy vospitanija i obučenija (Fragen der Erziehung und Lehre). Moskau 1949.

18. GUR'JANOV, E. V.: Navyk i dejstvie (Fertigkeit und Handlung). Ucenye zapiski MGU, Ausgabe 90, Moskau 1945.

19. EGOROV, T. K.: Psichologija ovladenija navykom čtenija (Die Psychologie der Aneignung der Lesefertigkeit). Moskau 1953.

20. ZIMNJAJA, I. A.: Uslovija formirovanija navyka govorenija na inostrannom jazyke i kriterii ego otrabotannosti (Die Bedingungen der Herausbildung der Fertigkeit des Sprechens in einer Fremdsprache und Kriterien ihrer Ausgefeiltheit). Naučno-metodičeskaja konferencija po voprosam obučenija inostrannym jazykam v vysšej škole (Wissenschaftlich-methodische Konferenz zu Fragen des Fremdsprachenunterrichtes an Hochschulen). Moskau 1967.

21. IVANOV-SMOLENSKIJ, A. G.: Očerki eksperimental'nogo issledovanija vysšej nervnoj dejatel'nosti čeloveka (Studien zur experimentellen Untersuchung der höheren Nerventätigkeit des Menschen). Moskau 1971.

22. IVANOVA, I. I., und ASEEV, V. G.: Metodologija i metody psichologičeskogo issledovanija Methodologie und Methoden der psychogiloschen Untersuchung). Metodologičeskije i teoretičeskie problemy psichologii (Methodologische und theoretische Probleme der Psychologie). Moskau 1969.

23. ITEL'SON, L. B.: Lekcii po obščej psichologii (Vorlesungen über allgemeine Psychologie). Vladimir 1970.
24. KORNILOV, K. N.: Psichologija (Psychologie). Moskau 1946.
25. KOSSOV, B. B.: Voprosy psichologii vosprijatija (Fragen der Wahrnehmungspsychologie). Moskau 1971.
26. KRYLOV, N. I.: Zavisimost' processa avtomatizacii ot struktury upražnjaemych dejstvij (Die Abhängigkeit des Automatisierungsprozesses von der Struktur der zu trainierenden Handlungen). Voprosy izučenija vysšej nejrodinamiki v svjazi s problemami psichologii (Fragen der Erforschung der höheren Neurodynamik im Zusammenhang mit Problemen der Psychologie). Moskau 1957.
27. KURMANBAEV, N. M.: Operacionnoe opredelenije ponjatija „recevoj navyk" (Operations-Definition des Begriffes „Sprechfertigkeit"). Naučno-metodičeskaja konferencija po voprosam obučenija inostrannym jazykam v vyssej škole. Moskau 1967.
28. LEONT'EV, A. A.: Psicholingvističeskie edinicy i poroždenie rečevogo vyskazyvanija (Psychologische Einheiten und die Hervorbringung von sprachlichen Aussagen). Moskau 1969.
29. LEONT'EV, A. A.: Slovo v rečevoj dejatel'nosti (Das Wort in der sprachlichen Tätigkeit). Moskau 1965.
30. LEONT'EV, A. N.: Dejatel'nost' i soznanie (Tätigkeit und Bewußtsein). Vopr. Filos. 1972, Nr. 12.
31. LEONT'EV, A. N.: Problema dejatel'nosti v psichologii (Das Problem der Tätigkeit in der Psychologie). Vopr. Filos. 1972, Nr. 9.
32. LEONT'EV, A. N.: Problema razvitija psichiki (Probleme der Entwicklung des Psychischen). Moskau 1972.
33. LEONT'EV, A. N.: Psichologiceskie voprosy soznatel'nosti učenija (Psychologische Fragen der Bewußtheit des Lernens). Izvestija APN RSFSR, Ausgabe 7. Moskau 1947.
34. Logika (Logik). Moskau 1967.
35. LURIJA, A. R.: Vysšie korkovye funkcii čeloveka (Höhere Gehirnrindenfunktionen des Menschen). Moskau 1969.
36. LURIJA, A. R.: Ideja sistemnosti v sovremennoj psichologii (Die Systemtheorie in der modernen Psychologie). Sistemnaja organizacija fiziologičeskich funkcij (Die Systemorganisation physiologischer Funktionen). Moskau 1969.
37. MILLER, G., GALANTER, E., und PRIBRAM, C.: Plany i struktura povedenija (Pläne und Struktur des Verhaltens). Moskau 1965.
38. PETROWSKIJ, A. V. (Hrsg.), Obščaja psichologija (Allgemeine Psychologie). Moskau 1970.
39. PASSOV, E. I.: Osnovnye voprosy obučenija inojazyčnoj reči. Čast' I. Navyki i umenija (Grundfragen der Fremdsprachenausbildung. Teil 1. Fertigkeiten und Können). Voronež 1974.
40. PLATONOV, K., und ŠVARC, L.: Očerki psichologii dlja letčikov (Studien der Psychologie für Flieger). Moskau 1948.
41. Problemy otraženija (Probleme der Widerspiegelung). Moskau 1969.
42. PUNI, A. C.: Ožerki psichologii sporta (Studien zur Sportpsychologie). Moskau 1959.
43. RUBINŠTEJN, S. L.: Osnovy obščej psichologii (Grundlagen der allgemeinen Psychologie). Moskau 1946.
44. RUDIK, P. A.: Psichologija (Psychologie). Moskau 1964.
45. RYKOV, N. A.: K voprosu ob obrazovanii umenija (Zur Frage der Herausbildung des Könnens). Sovestkaja Pedagogika 1953, Nr. 10.
46. RYKOV, N. A.: O prirode dvigatel'nych umenij (Über die Natur des motorischen Könnens). Vopr. Psichol. 1957, Nr. 1.
47. SAMARIN, Ju. A.: Očerki psichologii uma (Studien zur Psychologie des Verstandes). Moskau 1962.
48. Sistemnaja organizacija fiziologičeskich funkcij (Die Systemorganisation physiologischer Funktionen). Moskau 1969.

49. Smirnov, A. A.: Psichologija (Psychologie). Moskau 1956.
50. Subbotin, A. P.: Idealizacija kak sredstvo naučnogo poznanija (Die Idealisierung als Mittel der wissenschaftlichen Erkenntnis). Problemy logiki naučnogo poznanija (Probleme der Logik der wissenschaftlichen Erkenntnis). Moskau 1964.
51. Teplov, B. M.: Psichologija (Psychologie). Moskau 1954.
52. Tjuchtin, V. S.: Otraženie, sistemy, kibernetika (Widerspiegelung, Systeme, Kybernetik). Moskau 1972.
53. Ukraincev, B. S.: Kategorii „aktivnost'" i „cel'" v svete osnovnych ponjatij kibernetiki (Die Kategorien „Aktivität" und „Ziel" im Lichte der Grundbegriffe der Kybernetik). Vopr. Filos. 1967, Nr. 5.
54. Umrjuchin, E. A.: Ierarchija rezul'tatov kak osnova mnogourovnevoj funkcional'noj sistemy (Die Hierarchie der Resultate als Grundlage eines funktionellen Systems mit vielen Niveaus). Sistemnaja organizacija fiziologičeskich funkcij. Moskau 1969.
55. Chodžava, Z. I.: K voprosu o ponjatii umenija v sovetskoj psichologii (Zur Frage des Begriffes „Können" in der sowjetischen Psychologie). Vopr. Psichol. 1955, Nr. 3.
56. Chodžava, Z. I.: Problema navyka v psichologii (Das Problem der Fertigkeit in der Psychologie). Tbilisi 1960.
57. Švačkin, N. Ch.: Razvitie fonematičeskogo vosprijatija reči v rannem vozraste (Die Entwicklung der phonematischen Wahrnehmung in frühem Alter). Izvestija APN RSFSR, Ausgabe 13, Moskau 1948.
58. Šogam, A. N.: Issledovanie fiziologičeskich mechanizmov konstruktivnych dejstvij čeloveka (Untersuchung der physiologischen Mechanismen konstruktiver Handlungen des Menschen). Autoreferat, Dissertation B. Kiev 1967.
59. Carroll, J. B.: Research on Teaching Foreign Languages. In: Readings in foreign languages for the elementary school. Massachusetts: Waltham 1967.
60. Lashley, K.: Serial order in cerebral behavior. The Hixon Symposium. New York 1951.
61. Morris, Ch.: Signs, language and behaviour. New York. 1955.

Anschrift des Verfassers:
Dr. paed. E. Passov,
UdSSR – 398020 Lipezk,
ul. Lenina 42,
Pädagogisches Institut

Aus dem Institut für Psychologie der Universität Kiel

Zur Problematik sozialpsychologischer Interpretation des Verhaltens von Kindern in Zwei-Personen-Spielen

Von W. Hommers und V. Trempler

Mit 1 Abbildung

1. Problemstellung

Kooperatives Verhalten wurde unter den Bedingungen von Zwei-Personen-Nichtnullsummen-Spielen näher untersucht. In den bekanntesten Spielen dieser Spielklasse, dem „Prisoner's Dilemma Game" (PDG) und dem „Maximizing Differences Game" (MDG) [12] entscheidet ein Spieler zwischen einer kooperativen Alternative (C), bei der der gemeinsame Gewinn maximiert werden kann und einer kompetitiven Alternative (D), bei der der relative Gewinn maximiert werden kann (vgl. Tabelle I).

Tabelle I. Auszahlungsmatrizen zweier Zwei-Personen-Nichtnullsummen-Spiele.

Die erste Zahl in einer der vier Zellen einer Auszahlungsmatrix bezeichnet die Auszahlung des Spielers I (die zweite entsprechend für Spieler II), wenn die Spieler die zugehörigen Züge der Matrixzelle gespielt haben

		PDG [17] Spielzüge von Spieler II			MDG [12] Spielzüge von Spieler II	
		C	D		C	D
Spielzüge von Spieler I	C	+4, +4	−5, +5	C	6,6	0,5
	D	+5, −5	−4, −4	D	5,0	0,0

Im PDG stellt die Konsequenz (DD), daß beide Spieler sich für die kompetitive Alternative (D) entschieden haben, die spieltheoretische „Lösung" des Spieles dar – allerdings ein für beide Spieler unbefriedigendes Gleichgewicht. Man könnte von daher erwarten, daß es einige Spieler lernen, im Laufe eines Spieles, d. h. bei wiederholten Durchgängen, so etwas wie „Vertrauen" und damit schließlich Kooperation zu entwickeln. Dies würde sich in der Zunahme der Konsequenz (CC), Wahl der kooperativen Alternative (C) durch beide Spieler bemerkbar machen.

Im MDG stellt die Konsequenz (CC) die rationale Lösung des Spieles dar, da hier der gemeinsam zu erreichende Gewinn der zahlenmäßig höchste überhaupt ist. Eine Abweichung von dieser Strategie kann erklärt werden durch das Motiv eines Spielers, den relativen Gewinn, ausgedrückt im Unterschied zwischen eigenem Gewinn und Gewinn des Spielpartners, zu maximieren.

Sozialpsychologische Verwendungen dieser Spiele sind primär vom Interesse an der Kooperations-Kompetitions-Dichotomie dieser Spiele geleitet. Die Generalisierbarkeit der Ergebnisse von mit erwachsenen Vpn durchgeführten Laborexperimenten auf die Dynamik realer Konflikte ist allerdings bis heute noch umstritten [S. 16, 8].

Auch die Ergebnisse der bisher mit Kindern durchgeführten spieltheoretisch konzipierten Untersuchungen lassen sich nicht problemlos in zu erwartende Entwicklungsverläufe der Kooperativität [1] einordnen. Für den Einsatz des Forschungsparadigmas Zwei-Personen-Spiele in entwicklungspsychologischen Fragestellungen ist zunächst der Nachweis des Regelverständnisses notwendig. TEDESCHI und Mitarb. [17] sowie GOLD und Mitarb. [4] konnten zeigen, daß das PDG bei angemessener Darbietungsform schon von 7- bis 8jährigen Kindern verstanden und gespielt werden kann. Diese Autoren fanden aber keinen Effekt der Matrizen (Rapoport-Index) auf das Spielverhalten der Kinder, woraus geschlossen werden mußte, daß die Vpn nicht adäquat zwischen den subjektiven Nutzenbeträgen der Gewinne differenzieren konnten. Die Einhaltung der Präferenzordnung

$$(DC) > (CC) > (DD) > (CD)$$

in den subjektiven Nutzenbeträgen ist aber eine wesentliche Voraussetzung für eine sinnvolle Interpretation der Ergebnisse.

Wir wollen uns im folgenden mit der Validität der Interpretation der aus den Ergebnissen von Spielexperimenten ableitbaren Verhaltensindices (Häufigkeit von CC-Konsequenzen bzw. DD-Konsequenzen usw.) befassen, die meist in der RAPOPORT-Tradition ohne weitere Überprüfung als Charakterisierung kooperativer oder kompetitiver Orientierungen von Vpn aufgefaßt werden.

Die Arbeit von PULKOWSKI-REBELLIUS [13], die den Zusammenhang zwischen Kooperativität im Spiel und soziometrischen Daten bei 12- bis 14jährigen Schulkindern untersuchte, läßt sich als ein Beitrag zur Konstruktvalidierung auffassen. Es konnten dort aber keine Zusammenhänge aufgewiesen werden, die für die Berechtigung sozialpsychologischer Interpretation der benutzten Verhaltensindizes von Matrix-Spielen bei Kindern dieser Altersgruppe sprechen.

Auch KUBICKA [9] fand bei 14jährigen Vpn keinen Zusammenhang zwischen Kooperation im Spiel und Lehrereinschätzungen über das soziale Verhalten.

MCCLINTOCK [12] konnte mit seinem MDG zwar zwischen Kindern verschiedenen Geschlechts, Alters (8, 10 und 12 Jahre) und verschiedener Subkulturen (Angloamerikaner und Mexikoamerikaner) differenzieren. Gegen seine Interpretation der mit MDG gewonnenen Daten auf der Kooperation-Kompetitions-Dimension lassen sich aber berechtigte Zweifel vorbringen:

1. Die D-Wahl kann statt Kompetition auch Minimierung des Unterschiedes ausdrücken [11]. Dies besonders auch deswegen, weil die Vpn über die eigenen kumulierten Gewinne und über die kumulierten Gewinne des Partners informiert wurden.

2. Jüngere Kinder wählten zwar häufiger C als ältere. Befunde aus Experimenten mit Spielen gegen die Natur [15] sowie Ergebnisse aus Lernexperimenten [18] zeigen aber, daß zum einen jüngere Kinder eher „wertorientiertes" Verhalten zeigen – und die C-Wahl beinhaltet den höchstmöglichen Gewinn – zum anderen in ihrem Wahlverhalten „win-stay"-Regeln bevorzugen, wodurch die größeren Häufigkeiten von CC-outcomes erklärt werden könnten. Bei den älteren Kindern könnte u. a. der Faktor Langweiligkeit oder die Suche nach komplexeren Wahlmustern des Gegners für die Erklärung der Zunahme von D-Wahlen eine Rolle spielen.

Um die Validität der üblichen spieltheoretischen Indices bei Anwendungen mit Kindern zu klären, erscheint es nötig, der Frage nachzugehen, welche anderen Verarbeitungsprozesse es im Spielgeschehen und Entscheidungsverhalten der Spielpartner in Zwei-Personen-Spielen geben könnte. Schon die möglichen Situationsauffassungen der Vpn geben uns Hinweise darüber, ob andere Gesichtspunkte bei der Interpretation zu berücksichtigen sind.

Bei der Wahl von Zügen wäre zunächst die entscheidungstheoretische Einteilung von Entscheidungen in Sicherheits-, Risiko- und Unwissenheitswahlen zu berücksichtigen. Tatsächlich handelt es sich bei der Entscheidung der Vp in Matrix-Spielen um eine Entscheidung bei „Unwissenheit", da nur die Auszahlungswerte der Vp bekannt sind, nicht aber die Wahrscheinlichkeiten ihres Auftretens. LUCE und RAIFFA [10] weisen auf diese Interpretationsmöglichkeit hin und schlagen in diesem Zusammenhang die Anwendung verschiedener Entscheidungsregeln (Minimax, Laplace, Hodges-Lehmann, Minimaxregret usw.) zur Zugbestimmung vor. Die Ergebnisse von PULKOWSKI-REBELLIUS [13] lassen sich z. B. mit der Anwendung der Laplace-Regel erklären.

Auszuschließen ist aber nicht, daß trotzdem Wahrscheinlichkeiten für die Auszahlungen von den Kindern bzw. Vpn erlebt werden. Es ist deswegen von verschiedenen Autoren argumentiert worden, es handele sich um Risikoentscheidungen, wenn die Vpn in Zwei-Personen-Spielen wählen (z. B. [3]). Von COOMBS [2] ist daher eine Reparameterisierung des PDG in Anlehnung an seine Portfolio-Theorie vorgeschlagen worden.

Dieser Gesichtspunkt soll hier nicht axiomatisch wie bei COOMBS [2] verfolgt werden, sondern durch empirische Vergleiche. Der Gesichtspunkt Risikoentscheidung könnte gerade dann naheliegen, wenn die kognitive Fähigkeit, das Spiel in allen seinen Aspekten zu verstehen und wie ein Spieltheoretiker zu analysieren, nicht vorliegt, wie wir es bei Kindern annehmen dürfen.

SAMPSON und KARDUSH [14] beobachteten an ihren 7- bis 11jährigen Vpn, daß ein großer Teil (71% der älteren weiblichen Vpn und 75% der älteren upper-class-Kinder) das Risiko bei der C-Wahl betonten. Möglich ist also, daß die Zunahme von D-Wahlen im PDG mit dem Alter nicht mit der zunehmenden kompetitiven Orientierung zusammenhängt, sondern mit einer zunehmenden Berücksichtigung und Vermeidung des Risikos in der Spielsituation.

Um das, was während einer Entscheidung wirklich erlebt bzw. beabsichtigt wird, von den Kindern zu erfahren, ist die Methode der Wahlbegründungen wiederholt benutzt worden. Diese soll deswegen hier angewendet werden, wenngleich sich gewisse Probleme mit der Aussagekraft dieser Methode stellen. Man wird z. B. mit Verbalisierungsunfähigkeiten oder mit irrelevanten, manchmal auch als magisch-animistisch einzuordnenden Antworten rechnen müssen [7]. Diese Methode erscheint aber zunächst relativ informativ, weil sie direkt an den Entscheidungsprozeß der Vp anschließt. Andere Verfahren sind denkbar [5], setzen aber eine begründete Theorienstruktur für die Analyse voraus, die erst im Anschluß an diesen ersten Schritt aufgestellt werden kann.

Günstig ist es, mehrere Spiele zu verwenden, die unter unterschiedlichen Bedingungen Kooperationen oder Kompetition erfordern. Weiterhin erscheint es sinnvoll, solche Zwei-Personen-Spiele zu verwenden, die mehr als 2 Alternativen haben, damit die Zahl möglicher Begründungsaspekte erhöht wird. Die Auszahlungsmatrizen der Spiele sollten es möglich machen, die inhaltlichen Gesichtspunkte der Sicherheit und des Werts den Vpn für die Begründungen nahezulegen. Diese Gesichtspunkte sind einerseits von Plausibilitätserwägungen angesichts der Matrizen und der Untersuchung von SAMPSON und KARDUSH [14] her, andererseits von der Forschung über die Entwicklung des Entscheidungsverhaltens in Spielen gegen die Natur her [15, 6], von Interesse. Sie konkurrieren als Gesichtspunkte mit partnerbezogenen. Unausweichlich ist es dann noch, eine ausreichende Erfahrung mit der Spielsituation vor der Befragung zuzulassen, damit die Kenntnis des Spieles ausreichend entwickelt ist. Nur so können u. U. genügend partnerbezogene Spielzüge auftreten, die dann auch entsprechend begründet werden können.

2. Methode

82 Vpn beiderlei Geschlechts zwischen 9 und 14 Jahren (Haupt- und Sonderschüler) spielten nach ausführlicher Einführung in die jeweilige Bedeutung der Spielmatrizen in Paaren gegeneinander drei 3-Alternativen-Zwei-Personen-Spiele (siehe Tab. II): Ein modifiziertes PDG, ein modifiziertes MDG und ein Nullsummenspiel (NSG). Die Abfolge der Spiele geschah in der gegebenen Reihenfolge.

Tabelle II. Auszahlungsmatrizen der benützten Spiele (PDG, MDG und NSG) dieser Untersuchung

(Bei jedem Zugpaar bezeichnet die Zahl vor dem Komma die Auszahlung an den Spieler 1; die Zahl hinter dem Komma die Auszahlung an Spieler 2, falls ein bestimmtes Zugpaar zustandekommt)

Spielzüge von Spieler 2

		PDG			MDG			NSG		
		A	B	C	A	B	C	A	B	C
Spielzüge	A	3,3	0,0	−5,5	4,4	0,1	−6,3	3, −3	0,0	−2,2
von	B	0,0	0,0	0,0	1,0	1,1	1,2	0,0	−3,3	−1,1
Spieler 1	C	5, −5	0,0	−3, −3	3, −6	2,1	−5, −5	1, −1	2, −2	0,0

Das NSG wurde zuletzt dargeboten, um die Entstehung kompetitiver Orientierungen zu vermeiden. Es wurden 30 Züge im PDG, 35 Züge im MDG und 25 Züge im NSG gespielt, bevor die Frage gestellt wurde, warum die Vp so im letzten Zug gespielt habe. Das Spiel wurde abweichend vom sonstigen Vorgehen nicht mit einem „stooge“, sondern mit zwei naiven Partnern gespielt (d. h. beide Vpn spielten, wie es ihnen hier gut erschien), da nicht die Auswirkung der Gegner-Strategie auf das Verhalten eines Spielers untersucht werden sollte. Die Zugpaare führten zu den Auszahlungen der Tabelle II und konnten zum Einkauf von Süßigkeiten beim Vl verwandt werden.

Die Abbildung 1 zeigt eines der beiden verwendeten Spielgeräte. Die Wahlen erfolgten durch Betätigung eines der Taster, die den Alternativen zugeordnet waren. Die Auszahlungen für beide Spieler wurden elektronisch gesteuert nach erfolgter und beidseitiger Wahl auf jeweils einem der abgebildeten 9 Fensterchen sichtbar. Zwei Vl protokollierten nach ausführlicher standardisierter Instruktion alle Zugwahlen und die Wahlbegründungen nach den jeweils letzten Entscheidungen eines Spiels mit.

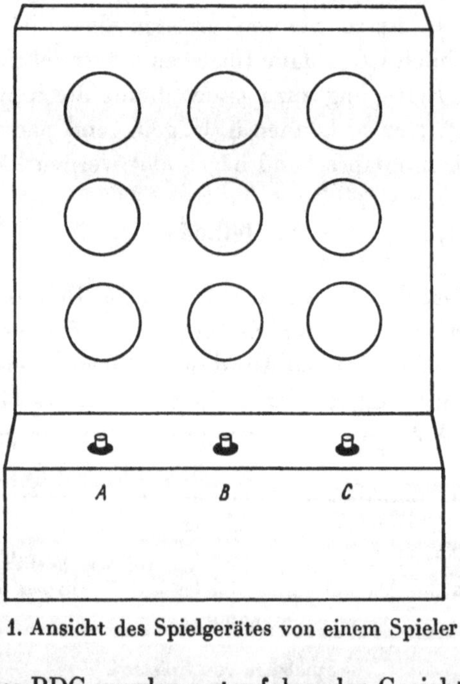

Abb. 1. Ansicht des Spielgerätes von einem Spieler aus

Die Auszahlungen des PDG wurden unter folgenden Gesichtspunkten zusammengestellt. Für an der Maximierung des Gewinns orientierte Spieler (wertorientierte Spieler) erscheint die Annahme berechtigt, daß der Zug C am attraktivsten ist. Dort ist sowohl der maximale Gewinn zu holen, als auch wird dieser Zug durch den Gesichtspunkt des geringeren drohenden Verlusts im Vergleich zu Zug A noch unterstützt. Zumal der wertorientierte Spieler ja überhaupt nur an dem Gewinn interessiert ist, für ihn also der Zug B überhaupt nicht in Frage kommen kann. Der Zug

A kann für den wertorientierten Spieler aber durchaus, wenn auch weniger, attraktiv sein, z. B. wenn er gar nicht auf den Verlust achtet oder nicht den höherwertigen Zug C beachtet. Für einen an Sicherheit orientierten Spieler kann sowohl Zug B als auch Zug C interessant sein: B, weil dort nichts verloren werden kann; C, weil dort weniger verloren werden kann als bei Zug A. Das bedeutet, die Auszahlungen des PDG wurden so eingerichtet, daß für beide potentiellen mit den partnerbezogenen Strategien konkurrierenden Begründungstypen spezifische Präferenzordnungen ableitbar sind. Für wertorientierte Begründer sollte am häufigsten der Zug C, dann der Zug A und am wenigsten der Zug B in Frage kommen. Für sicherheitsorientierte Begründer nur Zug B oder Zug C ohne à priori begründbare Präferenzunterschiede.

Die Auszahlungen der anderen Spielmatrizen sind nach demselben Grundprinzip gewonnen, nur war angestrebt, daß hier andere Präferenzordnungen für die beiden Begründungstypen zu erwarten sind. Die Züge A und C sind im MDG durch Wertüberlegungen begründbar. Falls eine solche Vp auch das Risiko des Verlustes miterkennt, sollte sie zwar nicht mehr so sehr vom Zug A angezogen werden, weil nur in einem Fall überhaupt ein Gewinn, dann allerdings der größtmögliche, ausgezahlt wird. Da die Einbeziehung des Verlustes hier aber nicht vollkommen mit dem Gewinnwert konkordant geht, erscheint beim MDG bezüglich der Züge A und C für wertorientierte Begründer keine Präferenzordnung ableitbar. Dagegen müßte hier für einen an der Sicherheit orientierten Spieler ganz deutlich der Zug B an Attraktivität hervorstechen, da immer, wenn auch nur wenig, gewonnen wird. Die Züge A und C sollten beide gleichermaßen unattraktiv für ihn sein.

Im NSG könnten wertorientierte Spieler die Züge A und C attraktiv finden. Sobald sie zusätzlich das Risiko eines Zuges wahrnehmen, dürfte der Zug A aber an Attraktivität verlieren. Für sicherheitsorientierte Spieler dürfte im NSG nur der Zug C in Frage kommen. Es droht dort kein Verlust und ein geringer Gewinn ist wahrscheinlich.

3. Ergebnisse

Die Wahlbegründungen ließen sich den Kategorien der Tabelle III zuordnen.

Die Wahlbegründungshäufigkeiten in den Kategorien der Tabelle III sind in der Tabelle IV aufgeführt. Wie daraus ersichtlich, machen die auf den Spielpartner bezogenen Wahlbegründungen (Kat. IV) den geringsten Teil (durchschnittlich 8%) aller Antworten aus. Außerdem fällt in Kategorie IV auf, daß auch im NSG[1] partnerorientierte Begründungen bei der Wahl des spieltheoretischen Sattelpunktes (Zug C) vorkamen. Ihr Anteil ist dort allerdings am geringsten.

Weiterhin ist der Anteil von Wahlbegründungen der Kategorie V in allen Spielen sehr hoch. Diese Vpn können, da sie nicht in der Lage waren, eine Begründung zu geben, in der Auswertung nicht weiter berücksichtigt werden.

[1] Die Züge eines Spielers II im NSG wurden auf Züge eines Spieler I übertragen. Die Züge A für Spieler I und Spieler II sind nämlich nach den Matrizen der Tabelle II nicht identisch.

Tabelle III

Kategorie	Erklärung (Beispiel)
I Zufallsorientierte Begründungen	Die Verwendung von Zufallsprozeduren wird angedeutet. Das Spiel wird als Glücksspiel aufgefaßt.
II Wertorientierte Begründungen	Der Versuch, den Gewinn zu maximieren, dominiert in der Antwort. („Weil ich 5 haben will".)
III Sicherheitsorientierte Begründungen	Das Risiko wird betont („ist sicherer")
IV Partnerorientierte Begründungen	Das Vorhandensein des Spielpartners, Kooperation oder Kompetition wird betont. („damit wir beide 3 kriegen")
V Fehlende Begründungen	„weiß nicht", „nur so".

Tabelle IV. Häufigkeiten von Wahlbegründungen in den Kategorien I bis V in Abhängigkeit von der letzten Wahl in 3 Spielen

Letzte Wahl

	PDG				MDG				NSG				
Kategorie	A	B	C	Σ	A	B	C	Σ	A	B	C	Σ	Gesamt in %
I (Zufall)	7	1	6	14	4	5	7	16	5	1	6	12	17
II (Wert)	5	0	14	19	10	3	11	24	8	0	19	27	28
III (Sicherheit)	1	4	4	9	0	16	1	17	0	0	20	20	19
IV (Partner)	4	3	3	10	1	0	6	7	0	0	3	3	8
V (keine)	4	6	20	30	5	9	4	18	5	6	9	20	28
Summe	21	14	47		20	33	29		18	7	57		

Bei den Wahlhäufigkeiten im letzten Zug überwogen im PDG und NSG die C-Wahlen. Die Abweichung von der Gleichverteilung ist mit $\chi^2 = 22.15$ und $\chi^2 = 50.57$ und jeweils 2 Freiheitsgraden hoch gesichert. Im PDG könnte dies als Vorkommen von kompetitiven Tendenzen, im NSG als Verfolgen der Minimax-Strategie interpretiert werden. Die folgende Auswertung untersucht aber die Berechtigung dieser Interpretation näher.

Zunächst können die Häufigkeiten von Vpn, die mit Wert- oder Sicherheitsbegründungen bestimmte Züge taten, mit den zuvor bei der Einrichtung der Auszahlungen der Matrizen beschriebenen Erwartungen verglichen werden. Von den Wert-Begründungen im PDG entfielen die meisten auf den Zug C und noch einige auf den Zug A, was zuvor erwartet wurde. Wie erwartet fielen auch die Sicherheitsbegründungen im PDG zu gleichen Teilen auf die Züge B und C.

Im MDG entfielen Wertbegründungen etwa gleichhäufig auf die Züge A und C, nur wenige auf den Zug B. Sicherheitsbegründungen im MDG entfielen fast ausschließlich auf den Zug B. Dies entspricht ziemlich genau den zuvor gehegten Erwartungen.

Auch für das NSG sind die spezifizierten Erwartungen an die Züge bestimmter Begründungstypen erfüllt. Wert-Begründer bevorzugen deutlich den Zug C, wählen aber auch den Zug A. Sicherheits-Begründer wählen nur Zug C.

Inferenzstatistisch sollen zunächst folgende Fragen untersucht werden:

- Hängt die Häufigkeit von Begründungen in den Kategorien von der Spielart ab, oder verteilen sie sich zufällig?
- Wurden die gegebenen nicht-partnerorientierten Begründungen vermehrt zugunsten bestimmter Kategorien gegeben, oder verteilen sie sich gemäß den Randverteilungen zufällig?

Ein Vergleich der Randsummen der Kategorien für jedes Spiel mit der Erwartung dafür aufgrund durchschnittlicher Häufigkeiten in der letzten Spalte (Gesamt in %) der Tabelle IV ergibt einen Wert von $\chi^2=13.54$, der bei vier Freiheitsgraden nicht auf dem 5%-Niveau signifikant ist. Keines der Spiele führte damit in bezug auf die erste Frage zu auffällig abweichender Verteilung der Begründungen.

Die nicht-partnerbezogenen Begründungen in den Kategorien I bis III verteilen sich im PDG nicht von der Gleichverteilung abweichend. Die Prüfung der Abhängigkeit zwischen letzter Wahl und Begründung in Kategorie I bis III[2] ergab beim PDG ein auf dem 5%-Niveau nicht signifikantes $\chi^2=4.6$ bei df=2.

Im MDG führte dagegen der gleiche statistische Test (ohne Aufteilung von Wahlen) zu einer Prüfstatistik von $\chi^2=28.95$ bei df=4, was auf dem 0.1%-Niveau signifikant ist. Deutlich überrepräsentiert waren die Häufigkeiten bei der A-Wahl in Kategorie II (χ^2-Anteil=10.95) und bei der B-Wahl in Kategorie III (χ^2-Anteil=5).

Die Überprüfung dieses Zusammenhanges unterblieb für das NSG wegen der zu hohen C-Wahlenhäufigkeit, die die erwarteten Werte in den anderen Wahlen unter 5 sinken ließ.

Mit der Abweichung der nicht-partnerbezogenen Begründungen von ihrer eigenen Randverteilungserwartung prüft man nur, ob diese Begründungen bei verschiedenen Zügen überhaupt differenzieren. Hier war also anscheinend nur das MDG so konstruiert, daß der Zusammenhang bei den drei Gruppen über die statistische Signifikanzgrenze reichte.

Als weitere Vergleichsbasis können die Zughäufigkeiten bei partnerbezogenen Begründungen dienen. Damit würde man nicht nur zeigen, daß wert-, sicherheits- und zufallsbezogene Begründungen differenzierend valide über Verarbeitungsprozesse Auskunft geben, sondern auch belegen, daß diese behaupteten und nachgewiesenen Verarbeitungsprozesse von den bei partnerbezogen auftretenden verschieden sind.

Für das PDG und das MDG wurden deswegen die Abweichungen von der Zug-

[2] Um zu geringe Erwartungswerte zu vermeiden, geschah dies unter Aufteilung der 5 B-Wahlen auf die A-bzw. C-Wahlen.

verteilung bei partnerbezogenen Begründungen geprüft. Für das PDG ergab[3] sich bei $df=4$ mit $\chi^2=25.49$ ein hochsignifikanter Wert. Im MDG mußten die Zughäufigkeiten von A und B zusammengelegt werden, da die Erwartung für B aufgrund von partnerbezogenen Begründungen null war. Beim MDG ergab sich so bei $df=2$ mit $\chi^2=126.62$ ebenfalls ein hochsignifikanter Wert. Damit wird der auch bei Betrachtung der Häufigkeiten der Tabelle IV sich aufdrängende Eindruck unterstrichen, daß die anderen Begründungsarten auf die entsprechenden Auszahlungsbedingungen in anderer Weise bezogen sind als die partnerbezogenen Begründungen.

4. Diskussion

Die Ergebnisse bestätigen die Vermutung, daß sich Kinder in Nicht-Nullsummen-Spielen überwiegend nicht partnerorientiert, geschweige denn unter der spieltheoretischen Voraussetzung der Annahme eines rationalen Partners verhalten. Vielmehr zeigte sich, daß
- wertbezogene, sicherheitsbezogene und zufallsorientierte Begründungen überwiegend gegeben wurden,
- der einzelne Spielzug von verschiedenen Vpn unterschiedlich begründet werden kann,
- Begründungen derselben Art auf verschiedene Spielzüge eines Spieles fallen können,
- nur bei einer bestimmten Konstruktion von Spielauszahlungen wie im MDG eine statistisch abgesicherte Beziehung zwischen verschiedenen nicht-partnerbezogenen Begründungsinhalten und vorherigem Spielzug auftrat,
- partnerbezogene Begründungen in anderer Weise mit den Zügen zusammenhingen als nicht-partnerbezogene Begründungen.

Es ist in weiteren Untersuchungen, die Matrix-Spiele bei Kindern verwenden, zu berücksichtigen, daß das Verhalten von Kindern weitgehend von anderen als partnerorientierten Dimensionen abhängt. Es kommen dann anscheinend Strategien zur Anwendung, die sich auch in Entscheidungen über Alternativen aus „Spielen gegen die Natur“ nachweisen ließen [15, 6].
Obwohl diese Ergebnisse wegen des geringen Vorkommens von partnerorientierten Begründungen resignative Tendenzen in der Beurteilung der Verwendbarkeit von Matrix-Spielen bei Kindern einiger Autoren unterstützen [4], zwingen sie unseres Erachtens nur zu einer differenzierteren Betrachtungsweise der Wahlen. Ansätze, die spezifisch die Entwicklung von Kooperation als Verhaltens- oder Einstellungsdimension mit diesem spieltheoretischen Instrumentarium untersuchen oder fördern wollen, erscheinen tatsächlich problematisch. Sinnvoll wäre es dagegen, das Aufkommen sozialer Orientierungen überhaupt und die Bedingungen ihres früheren oder späteren Auftretens mit diesem Instrumentarium zu untersuchen. Dabei hat allerdings die Verwendung der Wahlbegründungsmethode einen hohen

[3] Auf die sonst zu empfehlende Vermeidung von Erwartungswerten kleiner 5 beim χ^2-Test mußte sowohl im MDG als auch im PDG verzichtet werden, sa sonst keine statistische Prüfung möglich gewesen wäre.

Informationswert. Aber auch sorgfältige Auswahl von Spielen und Auszahlung muß angeraten werden, wie die Unterschiede im MDG und PDG zeigten.

Eine ausschließliche Verwendung von Wahlhäufigkeiten oder durch Summierung daraus gebildeter Indizes, wie sie häufig in der Literatur vorzufinden ist, dürfte bei Kindern oder Jugendlichen in keinem Fall als hinreichende Informationsquelle über das psychische Geschehen in der potentiellen Interaktions-Situation ausreichen. Dabei werden nämlich, wie gezeigt, in unzulässiger Weise interindividuelle und u. U. auch intraindividuell unterschiedliche Prozesse durch eine hypothetische, abhängige Variable repräsentiert. Mit anderen Worten, es ist die Bedingung der suffizienten Statistik nicht erfüllt. Diese Problematik zeigt sich sehr deutlich auch bei der Diskrepanz zwischen überwiegendem Vorkommen der C-Wahl im NSG, die die Verwendung der Minimax-Strategie durch die Vpn anzeigen könnte, und den dazu abgegebenen Begründungen der Kinder, die überhaupt keine Hinweise auf spieltheoretische Lösungen enthielten.

In dieser Untersuchung wurden zwei „naive" Vpn zum Spielen aufgefordert. Man könnte einwenden, bei Verwendung eines „stooge" ließe sich mehr partnerorientiertes Verhalten beobachten. Dies läßt sich unserer Meinung nach tatsächlich aufgrund der unterschiedlichen Verstärkungsprozeduren, die verschiedene „stooge"-Strategien für die allzu leicht mißinterpretierten Wahlen enthalten, erwarten. Ob damit aber eine Rechtfertigung sozialpsychologischer Interpretation dieses Verhaltens ausreichend gegeben würde, erscheint uns weiterhin zweifelhaft. Auch wenn man die Abhängigkeit des Zugverhaltens von der Partnerstrategie demonstrieren konnte, ist es für den Nachweis sozialpsychologischer Veränderungen nicht ausreichend, nur die Veränderungen von Wahlhäufigkeiten zu betrachten. Die hier vorgelegten Ergebnisse sprechen dafür, daß eine sozialpsychologische Interpretation immer mit Hinweisen direkter Art durch die Kinder belegt werden muß. Im übrigen empfiehlt sich diese Absicherung nicht nur, wenn Kinder in Matrix-Spielen „interagieren", sondern immer dann, wenn nicht garantiert ist, daß die Vp das Matrix-Spiel so versteht wie der Vl.

Zusammenfassung

Wahlbegründungen von 82 Kindern zur jeweils letzten Zugwahl in drei Zwei-Personen-Spielen (PDG, MDG und Nullsummen) wurden kategorisiert und auf ihren Zusammenhang mit der letzten Zugwahl hin untersucht. Es zeigte sich, daß wenige partnerorientierte Begründungen, dafür aber hauptsächlich wert- und sicherheitsorientierte Wahlbegründungen gegeben wurden. Diese hingen mit der letzten Zugwahl zusammen.

Summary

82 children were asked to give explanations for their last choice in three Two-Person Games (PDG, MDG and Zero-Sum). These explanations were categorized and their relations to the last choices were examined. The data showed that there are few partner related but many value and security related explanations. The explanations depended on the last choices.

Резюме

У 82 детей попросили обоснования последнего выбора в „играх для 2-х лиц" (ПДГ, МАГ и нулевую сумму). После этого упорядочили обоснования детей и исследовали их связь с последним выбором. Оказалось, что обоснований, ориентированных на партнера, было мало, в основном обоснования ориентировались на значение и безопасность. Обоснования были связаны с последним выбором.

Literatur

1. Cook, H., und Stingle, S.: Cooperative behavior in children. Psychol. Bull. *81* (1974) 918–933.
2. Coombs, C. H.: A reparameterization of the Prisoner's Dilemma Game. Behav. Sci. *18* (1973) 424–428.
3. Dolbear, Jr., F. T. und Lave, L. B.: Risk orientation as a predictor in the Prisoner's Dilemma. J. of Conflict Resolution *10* (1966) 5051–5.
4. Gold, V., Wagner, M., Ranftl, W., Vogel, M., und Weber, S.: Kinder spielen Konflikte. Ulm 1973.
5. Hommers, W.: Ein Bayes-statistischer Vergleich probabilistischer Modelle für das Entscheidungsverhalten von Schulkindern und Studenten. Bericht 30. Kongreß der Deutschen Gesellschaft für Psychologie. Göttingen 1976.
6. Hommers, W.: Zur Validität der Portfolio-Theorie im Entscheidungsverhalten von Schulkindern. Z. Psychol. *186* (1976) 604–617.
7. Hommers, W., und Gloth, I.: Alternativenart, persönliche Glückszahl und magisch-animistische Begründungen von Entscheidungen bei Risiko. Z. exper. u. angew. Psychol. *25* (1978) 407–415
8. Kelley, H., und Stahelski, A.: Social interaction basis of cooperator's and competitor's beliefs about others. J. of Personality and Social Psychology *16* (1970) 66–91.
9. Kubicka, L.: The psychological background of adolescents behavior in a two-person nonzero-sum-game. Behav. Sci. *13* (1968) 455–466.
10. Luce, R. D., und Raiffa, H.: Games and decisions. New York 1957.
11. Marwell, G., und Schmitt, D.: Are trivial games the most interesting in psychology? Behav. Sci. *13* (1968) 125–130.
12. McClintock, C. G.: Experimental Social Psychology. New York 1974.
13. Pulkowski-Rebellius, H. B.: Konflikt und soziometrischer Status. Spieltheoretische Untersuchungen an Kindern aus 30 Volksschulklassen des 6.–8. Schuljahres. Arch. Psychol. *125* (1973) 113–138.
14. Sampson, E., und Kardush, M.: Age, sex, class, and race differences in response to a two-person non-zero-sum game. J. of Conflict Resolution *19* (1965) 213–220.
15. Schmidt, H. D.: Leistungschance, Erfolgserwartung und Entscheidung. Berlin 1966.
16. Sermat, V.: Is game behavior related to behavior in other interpersonal situations? J. of Personality and Social Psychology *16* (1970) 92–109.
17. Tedeschi, J. T., Hiester, D., und Gahagan, J. T.: Matrix values and the behaviour of children in the Prisoner's Dilemma Game. Child Developm. *40* (1969) 473–490.
18. Weir, M. W.: Developmental changes in problem solving strategies. Psychol. Rev. *71* (1964) 473–490.

Anschrift des Verfassers:
Dr. phil. Wilfried Hommers,
Institut für Psychologie,
Neue Universität,
D – 23 00 Kiel

Buchbesprechungen

JAROSCHEWSKI, M.: *Psychologie im 20. Jahrhundert – Theoretische Entwicklungsprobleme der psychologischen Wissenschaft.* 539 S. mit Abb. Berlin: Volk und Wissen, Volkseigener Verlag. 1975. Gebunden 15,– M.

Monografische deutschsprachige, psychologiehistorische Darstellungen – noch dazu über die Psychologie im 20. Jahrhundert – sind noch sehr selten, so daß jeder Versuch zu begrüßen ist, diese Lücke zu schließen; dies um so mehr, wenn dieser Versuch von marxistisch-lenistischen Positionen aus unternommen wird: JAROSCHEWSKI unternimmt einen beachtenswerten Versuch dieser Art. „Dieses Buch ist kein Lehrbuch. Sein Autor war bemüht, eine Aufgabe anderer Art zu lösen, und zwar das Ideendrama zu verfolgen, das sich in unserem Jahrhundert um die Probleme abspielte. Er ist von der Annahme ausgegangen, daß es von wesentlicher Bedeutung ist, zu erforschen, in welcher Weise durch den Einfluß welcher Faktoren sich die wissenschaftlichen Schlußfolgerungen und Ideen verändern, will man Sinn und Wert der letzteren erfassen", heißt es in der Einführung des Autors (S. 18). Dementsprechend wird in 15 Kapiteln ein Abriß psychologischer Problemlinien dargestellt, an ausgewählten Schulen, thematischen Forschungsschwerpunkten illustriert und durch z. T. mehrere Jahrhunderte zurückgreifende Exkurse ergänzt, die in diesem Jahrhundert die Entwicklung der Psychologie mitbestimmt oder maßgeblich beeinflußt haben. Solche Schulen oder Problemgebiete sind beispielsweise der „Behaviorismus" (Kapitel 7), die „Gestaltpsychologie" (Kapitel 8), die „Psychoanalytische Bewegung" (Kapitel 9), „LEWIN und seine Schule" (Kapitel 10), „PIAGET und die Genfer Schule"

Das vorliegende Buch ist weniger als historisches Informations- und Quellenwerk zu beurteilen, denn als historisch-materialistisches methodologisches Werk, in dem ausgewählte Entwicklungslinien unserer Wissenschaft im 20. Jahrhundert beleuchtet, bewertet und vor allem mit erkenntnistheoretischen, wissenschaftstheoretischen und wissenschaftshistorischen Kategorien und Prinzipien des dialektischen und historischen Materialismus in produktive Verbindung gebracht werden. Dazu gehören u. a. die Widerspiegelungskonzeption, die „Kategorie Handlung", die „Kategorie Psychosoziale Beziehung", die „Kategorie Persönlichkeit" usw. Hier in seinen methodologischen, wissenschaftshistorischen, gesellschaftlich-politischeu und problemgeschichtlichen Darlegungen liegen die großen Stärken und der weiterwirkende Wert des Buches, dessen neuartiger Versuch jedoch noch in einem beträchtlichen Maße ausgebaut, differenziert, durch Daten, Beispiele, Methoden- und Theorieentwicklungen usw. noch weitergehend untersetzt werden sollte, um aus dem in seiner Art wohl einzigartigen methodologisch-wissenschaftshistorischen Entwurf eines einzigen Autors ein abgerundeteres Werke zu machen, das wir auch als Lehrbuch für die „psychologiehistorische Bewußtseinsentwicklung" dringend benötigen.

L. Sprung (Berlin)

Riegel, K. F.: *Psychologie of development and history.* IX 263 S. mit 33 Abb. und 6 Tab. New York-London: Plenum Press 197. Perspectives in developmental psychology. Gebunden $ 22,75.

Der 1977 verstorbene Autor stellt in diesem Buch eine Sammlung von 15 Abhandlungen (z. T. älteren Datums) zu recht heterogenen Themen vor. Die Palette reicht von geschichtsphilosophischen, wirtschaftstheoretischen, sprachwissenschaftlichen, entwicklungstheoretischen und entwicklungspsychologischen bis zu allgemein-wissenschaftshistorischen, philosophie- und psychologiehistorischen Arbeiten. Als vermeintlich einheitsstiftende Klammer, die allerdings dem Buch keine inhaltliche Geschlossenheit zu geben vermag, wird die Beziehung zwischen dem Gebiet der Psychologiegeschichte, wie es sich aus der Perspektive eines Entwicklungspsychologen darbietet, und dem Gebiet der Entwicklungspsychologie, wie es aus der Perspektive eines (Psychologie-) Historikers gesehen wird, offeriert. Die Arbeiten werden zu 3 Gruppen zusammengefaßt: theoretische Abhandlungen, Fallstudien und Forschungsberichte. 2 Themenkreise sind für uns von besonderem Interesse: 1. die Ausführungen zur historischen Entwicklung und Theoriebildung in der sowjetischen Psychologie in den Kapiteln 6 („Entwicklungspsychologie und Gesellschaft") und 7 („Ideologische Grundlagen der Entwicklungspsychologie") sowie 2. die Erörterungen zur Geschichte der frühen experimentellen Psychologie in Kapitel 11 („Strukturanalyse der Geschichte der experimentellen Psychologie").

Zu 1: In der amerikanischen psychologischen Literatur ist unverkennbar die Tendenz zu beobachten, Ergebnisse der sowjetischen Psychologie einschließlich der psychologischen Theoriebildung in wachsendem Maße zur Kenntnis zu nehmen. Für Riegel, der seine eigene psychologische Konzeption als eine „dialektische" verstanden haben will, sind derartige Rezeptionsversuche besonders naheliegend. In der Tat ist die *Darstellung* der historischen Entwicklung und Theoriebildung in der sowjetischen Psychologie vor Rubinstein und der Konzeption Rubinsteins selbst durchaus gediegen und korrekt. Auch nimmt sich die allgemeine Feststellung, Rubinstein habe eine „Synthese" geschaffen, „die neue Perspektiven in der Sozial- und psychologischen Philosophie eröffnet" (S. 86), durchaus positiv aus. Besieht man allerdings genauer die *wertenden* Aussagen Riegels, ist man genötigt zu bezweifeln, daß er Rubinstein überhaupt richtig verstanden hat. Jedenfalls stellen sich derartige Zweifel ein, wenn man liest, Rubinsteins Bezugnahme auf die Dialektik von innen und außen charakterisiere „einen neuen Dualismus der sowjetischen Philosophie" (S. 85), oder wenn behauptet wird: „Rubinsteins Erklärungsversuche implizieren nichts anderes als eine Neuformulierung des alten [cartesianischen, G. E.] Leib-Seele-Problems" (ebenda). Hier handelt es sich offensichtlich um eklatante Fehleinschätzungen! Ferner gewinnt der Leser den Eindruck, als habe die Theoriebildung in der sowjetischen Psychologie mit Rubinstein ihren Abschluß erreicht, denn neuere Arbeiten bleiben gänzlich unberücksichtigt.

Zu 2: Der Autor unterzieht den Entstehungsprozeß der experimentellen Psychologie als Wissenschaft einer sogenannten „Strukturanalyse". Zu diesem Zweck stellt er eine aus ideengeschichtlichen Reflexionen und biografischen Daten konstruierte Generationenabfolge auf. Einem in der amerikanischen psychologiegeschichtlichen Forschung weitverbreiteten personalistischen Hang folgend, wird Fechner zu einer Art Vaterfigur der experimentellen Psychologie gekürt. Die zweite Generation erhält ihr Gepräge durch die Polarisierung zwischen Wundt (Analyse psychischer Inhalte) und Brentano (Analyse psychischer Akte). Von ihnen gehen jeweils weitere divergierende Entwicklungslinien aus. Dabei werden einige fragwürdige „Verwandtschaftsbeziehungen" behauptet, etwa die Charakterisierung Ebbinghaus' als wissenschaftlicher Nachkomme Wundts oder die Kennzeichnung Watsons bzw. des Behaviorismus als die von Ebbinghaus herkommende Generation. Der Autor ist allerdings sich selbst gegenüber kritisch genug, die aus der Herstellung derartiger Zusammenhänge resultierende „Gefahr schematischer Übergeneralisierungen" (S. 189) einzugestehen.

Trotz des insgesamt amorphen Charakters dieser Beitragssammlung und trotz umstrittener theoretischer und wissenschaftshistorischer Interpretationen ist die Betrachtungsweise des Autors bei der Erörterung einzelner Probleme durchaus anregungsreich.

G. Eckardt (Leipzig)

KNÖRZER, W.: *Lernmotivation.* 348 S. mit Abb. und Tab., Weinheim-Basel: Beltz 1976. Beltz Studienbuch. Paper 24,–DM.

Der Autor stellt sich das Ziel, einen psychologischen Ansatz zur Theorie der Lernmotivation zu entwickeln und ihn durch einen soziologischen zu ergänzen. Es geht ihm darum, „lernmotivationale Dispositionen und Prozesse als Ergebnis einer Auseinandersetzung eines Individuums mit auf schulisches Lernen bezogenen Erwartungen von Bezugspersonen bzw. Bezugsgruppen unter Berücksichtigung objektiver schulischer Bedingungen" darzustellen (S. 9). Dieser Vorsatz ist löblich, denn Diskussionen um die Wechselwirkung von Personenmerkmalen einerseits und Situationsvariablen andererseits sind vor allem dann sinnvoll, wenn daraus Schlußfolgerungen hinsichtlich der Gestaltung experimenteller Versuchspläne gezogen werden können. Diesem Anspruch kann das vorliegende Buch leider nicht voll gerecht werden, da es sich vor allem um eine deskriptive Beschreibung hypothetisch vermuteter Zusammenhänge handelt. Die Arbeit ist in 2 Hauptabschnitte gegliedert: „Psychologische Theorieansätze" und „Lernen im Kontext kultureller Wertsysteme und gesellschaftlicher Systemziele". Ausgehend von einer breiten Darstellung verschiedener allgemeiner Motivationskonzepte werden im ersten Abschnitt Zugänge zum schulischen Lernen gesucht. Dabei kann der Autor belegen, daß v. a. Theorien der Leistungsmotivation und das Konzept der intrinsischen Motivation für die Lernmotivationsforschung von Belang sind. Deshalb verwendet er für sein entwickeltes hypothetisches Modell der Lernmotivation als zentrale Bestimmungsstücke Wortmarken, die aus der Leistungsmotivationsforschung sehr geläufig sind (Anspruchsniveau, Begabungsselbstbild, Anstrengungskalkulation). Besonders mit dem Begriff „Anstrengungskalkulation" weiß der Rezensent nichts anzufangen, da KNÖRZER diesen (anders als die traditionelle Leistungsmotivationsforschung) als „Anstrengungsaufwand, um bei gegebener perzeptiver Aufgabenschwierigkeit ein Ziel zu erreichen" verwendet. Hier wären empirische Belege unbedingt nötig, um die Wirkung dieser Komponente nachzuweisen. Da diese nicht vorgelegt werden können, bleibt vieles am entwickelten Modell (reichlich) spekulativ. Interessant ist dagegen der Versuch zu nennen (im Hauptabschnitt 2 des Buches), den entwickelten Lernmotivationsansatz an schulische Gegebenheiten anzupassen. Dies geschieht über Variablen der Erwartung von Bezugspersonen und über den Variablenkomplex der objektiven schulischen Bedingungen. Die in diesem Zusammenhang erörterten v. a. negativen Wirkungsformen einzelner Schultypen in der BRD auf die Ausbildung intrinsischer Lernmotive werfen ein bezeichnendes Licht auf das praktizierte Bildungssystem.

G. Lehwald (Leipzig)

ELKIND, D.: *Child development and education. A Piagetian perspective.* 274 S. New York: Oxford University Press 1976. Gebunden.

Der Verfasser des vorliegenden Buches ist ein Anhänger der genetischen Epistemologie J. PIAGETS. Der Autor unternimmt den Versuch, die Grundlagen der Konzeption PIAGETS theoretisch zu verallgemeinern. Dabei stützt er sich auf Untersuchungsergebnisse, die sowohl in den USA, als auch im Genfer Zentrum der genetischen Epistemologie gewonnen wurden. Darüber hinaus werden in der Monographie einige Verallgemeinerungen eigener Untersuchungen des Autors angeführt, die er in der 1974 speziell zu diesem Zweck eröffneten Schule Mt. Hope durchführte.

Die drei Kapitel des *ersten Teils* des Buches enthalten eine Analyse des Entwicklungsstandes der pädagogischen Psychologie und der Kinderpsychologie in den USA und eine Begründung des schnellen Anwachsens der Popularität PIAGETS in diesem Land (1. Kapitel), den Versuch, Verbindungen der Theorie PIAGETS mit den historischen Vorgängern PIAGETS in verschiedenen Wissenschaftsbereichen zu verfolgen (2. Kapitel) und einen kurzen Abriß des Lebens und des wissenschaftlichen Schöpfertums PIAGETS (3. Kapitel).

Besonders hervorzuheben ist das 2. Kapitel, in dem der Verfasser Verbindungen der Theorie PIAGETS mit den Ideen hervorragender Vertreter der Philosophie (ARISTOTELES, KANT, HEGEL), der Biologie (LAMARCK, DARWIN), der Psychologie (der Gestaltpsychologie, G. STANLEY HALL, CLAPARÈDE, WALLON u. a.) und der Pädagogik (ROUSSEAU, PESTALOZZI, FROEBEL u. a.) aufzeigt. Allein die Aufzählung dieser Autoren regt den Leser an, in den Arbeiten dieser Autoren Ideen zu suchen, die auf den Aufbau der Konzeption PIAGETS Einfluß haben könnten. Ebenso zieht den Leser das 3. Kapitel an, in dem der Autor nicht nur bemerkenswerte Daten aus dem Leben und dem Wirken PIAGETS aufzählt, sondern ein lebendiges, sehr anschauliches Porträt PIAGETS aufzeichnet.

Der *zweite Teil* der Monographie ist einer kurzen Betrachtung der theoretischen Grundlagen der Konzeption PIAGETS gewidmet, einschließlich der Entwicklungsstadien des Intellekts beim Kind (4. Kapitel), einer Abhandlung der drei Typen des Lernens (operative, figurative, connotative), die der Autor aus der Konzeption PIAGETS aussondert (5. Kapitel) und des Problems der Motivation (6. Kapitel). Das letzte Kapitel stellt einen Versuch des Autors dar, die Kategorien und Begriffe der Theorie PIAGETS auf solche Gebiete auszudehnen, die von ihr nicht erfaßt wurden. Deshalb ist dieses Kapitel für das Verständnis der Abwandlung der Theorie *Piagets*, die sie bei der Anpasssung an die amerikanische Lerntheorie erfährt, besonders interessant.

In noch stärkerem Maße gilt dies für den *dritten Teil* des Buches, der den Anwendungsmöglichkeiten der Theorie PIAGETS im praktischen Lernprozeß in der Schule gewidmet ist. Im 7. Kapitel werden die Methoden zur Einschätzung des Niveaus der kognitiven Entwicklung der Kinder beschrieben. Das 8. Kapitel enthält eine Analyse der Unterrichtsprogramme ausgehend von der kognitiven Entwicklung. Das 9. Kapitel schließlich ist, nach den Worten des Autors „ein Versuch zu beschreiben, wie ein Lehrer eine Klasse leiten soll, der sich alle vorigen Kapitel angeeignet hat".

Insgesamt ist das Buch D. ELKINDS interessant, verständlich abgefaßt, mit charakteristischen Beispielen reich illustriert und enthält die wichtigsten Zitate PIAGETS zu fast allen im Buch aufgeworfenen Problemen. Die Monographie kann natürlich nicht als „Lehrmaterial" zur Theorie PIAGETS bzw. als ein allgemeiner Abriß dieser Theorie betrachtet werden. Der Verfasser selbst erkennt das an und weist darauf hin, daß dies auch nicht das Ziel dieser Monographie war.

B. WARDANJAN (Leipzig)

MCCLELLAND, D. C., ATKINSON. J. W., CLARK, R. A., und LOWELL, E. L.; *The achievement motive.* 2. Aufl. 386 S. mit 17 Abb. und Tab. New York: Irvington Publishers, Inc. 1976. Gebunden $ 19,00.

Ende der vierziger Jahre begannen D. C. MCCLELLAND und seine Mitarbeiter eine Serie von Untersuchungen, um ein wichtiges menschliches Motiv, das Bedürfnis nach Leistung, mit Hilfe von Geschichten, die zu ausgewählten Bildern erzählt werden mußten, zu erfassen. Nun liegt der damals geschriebene Bericht über diese Studien in einer nahezu unveränderten Auflage vor. Vergleicht man die Themen der im Literaturverzeichnis aufgeführten 22 Autoren, die Arbeiten zur Leistungsmotivation vorlegten, so wird deutlich, welche Erweiterungen das Leistungsmotivationskonzept seit der Erstveröffentlichung des Buches erfahren hat. ATKINSON weist auf neuere Untersuchungsansätze in einem aktuellen Vorwort hin. Als wesentlich erachtet er die weitere Ausarbeitung der Leistungsmotivationstheorie als kognitiver Motivationsansatz, wobei er insbesondere auf das Attributierungsmodell verweist (HEIDER, WEINER, FEATHER). Jedoch stellten die 1953 publizierten Ergebnisse auch erste Ansätze zur Erfassung leistungsorientierten Verhaltens in sozialen Situationen dar (Gesellungs-Abhängigkeits- und Machtmotivation). Unverändert aktuell ist jedoch noch heute die Diskussion über das der Theorie zugrunde gelegte Meßinstrument. Über die Anwendung der TAT-Methode zur Erfassung des Leistungsmotivs lohnt es sich, in diesem Buch (unverfälscht) nachzulesen.

G. LEHWALD (Leipzig)

MARKOVA, I.: The social context of language. X, 241 S. mit Abb. und Tab. New York: John Wiley & Sons, Ltd. 1978. Gebunden $ 10,–.

In den letzten Jahren sind als wesentliche Trends der Entwicklungspsychologie ein zunehmendes Interesse an der kognitiven Entwicklung und der Sprachentwicklung in Verbindung mit einem Anwachsen an Untersuchungen im Kleinkindalter festzustellen. Für den Bereich der Sprachentwicklung ist dabei anzumerken, daß verstärkt der soziale Charakter der Sprache Aufmerksamkeit erlangt. Besondere Bedeutung hat diese Orientierung für die Beantwortung der Frage nach der Herausbildung der Sprache. Die grundlegende Prämisse aller Untersuchungen ist, daß die Worte, die Kinder verwenden nicht dasselbe meinen wie in der Sprache der Erwachsenen. Der vorliegende Sammelband vereinigt, eine Reihe von Arbeiten zur Sprache mit einer Orientierung auf diesen Kommunikationskontext. Er ist hervorgegangen aus einer Konferenz mit dem gleichnamigen Titel, die 1975 in Stirling stattfand.

In einem ersten Teil des Buches wird in den Beiträgen von BRUNER, SUGERMAN-BELL, DORE und EDWARDS nach notwendigen Voraussetzungen des Spracherwerbs in der sozialen und kognitiven Entwicklung gefragt. Die Frage des Übergangs von nichtverbaler Kommunikation zur Sprache ist dabei das zentrale Thema. Die Beiträge von ROMMETVEIT, WALKERDINE, SINHA und MARKOVA sind auf die Beziehung Sprache und Kognition orientiert und machen auf neue Aspekte der Betrachtung dieses Zusammenhangs aufmerksam. In zwei Beiträgen wird z. B. der Einfluß der Interpretation des Kontextes einer Aufgabe auf deren Lösung untersucht. Die letzten Beiträge des Bandes, geschrieben von FIELDING und FRASER, betrachten Einflüsse der sozialen Beziehungen der Partner in einer Kommunikationssituation auf die verwendete Sprache. – Das vorliegende anspruchsvolle Buch ist für den Entwicklungspsychologen aufgrund seiner Gedankenfülle über Zusammenhänge verschiedener Bereiche der Entwicklung (sprachliche, kognitive, soziale) von besonderem Wert. Darüber hinaus ist es aber mit Gewinn von jedem zu lesen, der den angesprochenen Problemen Interesse entgegenbringt.

H. HAGENDORF (Berlin)

FLAVELL, J. H.: *Cognitive development.* XII, 286 S. Englewood Cliffs: Prentice Hall, Inc. 1977. Prentice Hall series in experimental psychology, Kartoniert $ 9,05.

Mit dem Buch liegt eine Einführung in die kognitive Entwicklung vor, die vorrangig für die Einarbeitung in diese Thematik geschrieben wurde, aber aufgrund der verarbeiteten neueren Literatur weiterreichende Informationsbedürfnisse befriedigen kann.

Kognitive Entwicklung wird weit gefaßt, was sich als sehr vorteilhaft herausstellt. Im Kapitel 1 wird dies begründet und zugleich dem Leser eine Grundorientierung vermittelt. In den Kapiteln 2 bis 4 werden die wichtigsten Resultate aus Arbeiten im Rahmen der Konzeption von PIAGET dargestellt. Dabei nutzt der Autor eine Vielzahl neuerer Untersuchungen und schließt auch die soziale Kognition mit ein. Die Darstellung hat vorrangig beschreibenden Charakter und ist als Zusammenfassung des Werkes von PIAGET geschrieben. Dabei ist sich der Autor der Schwierigkeit bewußt, mit einem Einführungstext dieser Theorie gerecht zu werden, wenn er schreibt: „Wenn man über PIAGET schreibt, hat man immer das Gefühl, daß Kürze, Klarheit und Genauigkeit unvereinbar sind.“ (S. 6, Ü. v. H. H.). In den Kapiteln 5 und 6 werden Aufmerksamkeit, Kommunikation und Gedächtnis dargestellt. Insbesondere das Kapitel über Gedächtnis bietet eine gute Grundlage für weiterführende Forschungen. Das letzte Kapitel ist einerseits Zusammenfassung, aber andererseits werden aktuelle Fragen und Probleme formuliert, mit denen sich jeder auseinanderzusetzen hat, der auf dem Gebiet der kognitiven Entwicklung arbeitet.

Das Buch zeichnet sich neben den genannten Vorzügen durch eine Klarheit der Darstellung aus. Es erfordert wenig Vorkenntnisse, da die meisten Fachtermini im Text erläutert werden. Bewußt wurden auch Teilgebiete wie z. B. die Sprachentwicklung unberücksichtigt gelassen, weil sie für diesen Einführungstext nicht geeignet erscheinen.

Das Buch kann als ausgezeichnete Grundlage für die Lehre dienen, ist aber auch für jeden an der kognitiven Entwicklung Interessierten sehr zu empfehlen.

H. HAGENDORF (Berlin)

SHEEHAN, P. W., und Campbell, W. P.: *Methodologies of hypnosis. A critical appraisal of contemporary paradigms of hypnosis.* XVI, 329 S. mit Abb. und Tab. Baffins Lane Chichester/Sussex: John Wiley & Sons, Ltd. 1978. Gebunden $ 22,85.

In dem Bemühen, den gegenwärtigen Stand methodologischer Kontroversen bezüglich der Hypnose darzulegen, werden die theoretischen Beiträge zum Verständnis hypnotischer Phänomene analysiert, die von 6 zeitgenössischen Schulen erbracht wurden. Dabei liegt die Betonung eindeutig auf der experimentellen und nicht auf der klinischen Forschung, wobei die Autoren hoffen, daß das Ergebnis ihrer Analyse nicht nur den Forscher auf dem Gebiet der Hypnose, sondern den Gesellschaftswissenschaftler allgemein interessieren wird.

Eine historische Einführung im 1. Kapitel wirkt ernüchternd durch die Feststellung, daß in vieler Beziehung der Abstand neuester Auffassungen von denen einiger frühen Theoretiker nicht sehr groß ist.

Kapitel 2 befaßt sich mit einer ausführlichen Analyse von HILGARDS Orientierung, die auf der schon von älteren Theoretikern nachgewiesenen Annahme wenig veränderlicher individueller Unterschiede in hypnotischer Reaktionsfähigkeit aufbaut. Kapitel 3 befaßt sich mit den Auffassungen BARBERS, der den Begriff Hypnose überhaupt ablehnt und an ihrer Stelle eine Methodik zur Analyse suggestiver Einflüsse entwickelt hat. Auch SARBIN, dessen Auffassungen im nächsten Kapitel behandelt werden, ist mit BARBER der Meinung, daß es falsch sei, von einem hypnotischen Zustand zu sprechen. Die Kapitel 5 und 6 behandeln die theoretischen Auffassungen von SUTCLIFFE und ORNE. Beide Autoren setzen als Kontrollgruppen bei ihren Untersuchungen primär Probanden ein, die instruiert wurden, bewußt eine Rolle als Hypnotisierter zu spielen und versuchen, aufgrund des Unterschieds zwischen Kontrollgruppe und wirklich Hypnotisierten das Bestehen eines spezifischen hypnotischen Zustandes nachzuweisen.

Die Auffassungen von LONDON und FUHRER, die im Kapitel 7 behandelt werden, betonen gegenüber den in den vorhergehenden Kapiteln im Vordergrund stehenden Problemen der Hypnotisierbarkeit als Persönlichkeitseigenschaft und des „Bestehens" oder „Nichtbestehens" eines „hypnotischen Zustandes" die Bedeutung der situativen Variablen.

Jedes der Kapitel ist so aufgebaut, daß zunächst die Theorie sehr ausführlich dargestellt wird. Dann folgt eine Übersicht über besondere vom jeweiligen Autor entwickelte experimentelle Verfahren sowie eine Darstellung der Probleme, mit denen sich der (oder die) Autor(en) besonders befaßt und eine Auswertung der verfügbaren Data. Dabei wird die Validität der Schlußfolgerungen, die jede Auffassungaus ihren Daten zieht, die potentiellen Artefakte, die mit jedem einzelnen Modell verbunden sind sowie der besondere Beitrag jedes Modells zum Verständnis hypnotischer Phänomena ausführlich analysiert. Schließlich enden die Kapitel jeweils mit einem Hinweis auf Probleme und Richtung weiterer Forschung. Eigentlich ist eine Besprechung dieses Buches deshalb besonders problematisch und kann gar nicht den Versuch unternehmen, dem Leser einen Einblick in den Inhalt zu vermitteln, weil in jedem einzelnen Kapitel eine für den Spezialisten außerordentlich interessante Fülle an Details zusammengetragen und wenn auch übersichtlich, doch so differenziert dargestellt wird, daß eine summarische Wiedergabe nicht möglich ist. Man kann nur feststellen, daß hier zwei sehr vom Geist wissenschaftlicher Genauigkeit durchdrungene Autoren eine hervorragende Arbeit geleistet haben. Zu wünschen blieb allerdings, daß sie auch sowjetische Hypnologen mit in ihre Analyse einbezogen hätten.

Noch nicht erwähnt wurden die zwei abschließenden Kapitel des Buches, in denen wesentliche Schlußfolgerungen für eine Forschungsstrategie auf dem Gebiet der Hypnose (gewissermaßen als pars pro toto für die Gesellschaftswissenschaft überhaupt) gezogen werden.

Die Autoren stellen fest, daß das ideale Experiment nicht nach absoluter Reinheit der Kontrolle trachtet, da dieses Ziel unerreichbar ist. Vielmehr sollte der Experimentator sichern, daß die Prüfung einer Vorhersage ein Resultat erbringt, daß eindeutig wenigstens eine oder sogar mehrere alternative Hypothesen (über hypnotische Prozesse) ausschließt. Die moderne Hypnoseforschung zeigt zwar eine große Bewußtheit der Notwendigkeit für sorgfältige und strikte Kontrollen, aber die Werkzeuge, die sie benutzt haben im Grunde genommen einen vertraglichen Charakter (gemeint ist der Vertrag zwischen Experimentator und Probanden) und schaffen dadurch „unbeabsichtigte Konsequenzen", die Gesellschaftswissenschaftler allgemein zu wenig beachtet haben. Das Buch endet mit der aus den Erfahrungen der besprochenen Schulen abgeleiteten Leitlinie für eine komplexe Forschungsstrategie, zeigt aber auch die selbst dabei noch auftretenden Gefahren für die Validität der Ergebnisse auf. Aus allem bisher Gesagten geht hervor, daß es sich um ein gewichtiges Werk handelt, das vor allem für den Forschungsstrategen geschrieben ist. Das Buch enthält eine ausführliche Bibliographie (465 Titel) zur experimentellen Hypnoseforschung (vorwiegend des englischen Sprachbereichs).

A. Katzenstein (Berlin)

Eysenck, H. J., und Eysenck, S. B. G.: *Psychoticism as a dimension of personality.* VII, 232 S. London-Sydney-Auckland-Toronto: Hodder & Stoughton 1976. Gebunden.

Sybille und H. Eysenck stellen in diesem Buch erstmals geschlossen ihre Hypothesen und empirischen Untersuchungsergebnisse über die nunmehr mit „Psychotizismus" bezeichnete vierte grundlegende Persönlichkeitsdimension vor. Sie wollen damit ihre Persönlichkeitskonzeption abrunden und gleichzeitig Grundlagen für psychopathologische Betrachtungen bieten. Wie auch bei den anderen Persönlichkeitsdimensionen herausgestellt, nehmen die Autoren an, daß auch für diese vierte grundlegende Persönlichkeitsdimension eine genetische Basis bestehe. Sie gehen dabei von einem polygenetischen Modell aus. Der Grad des Psychotizismus sei determiniert durch die Anzahl aktiver Gene geringer Wertigkeit, die additiv wirkten und deren Anzahl das Risiko einer psychotischen Erkrankung beeinflusse. Die Art der psychotischen Störung werde dann durch zusätzliche Gene mit starken Effekten bestimmt, die nur bei Psychotikern zu finden wären. Die Hypothesen werden durch Familien- und Zwillingsstudien, Konzepte wie der Einheitspsychose u. ä. zu stützen gesucht, erscheinen dem Leser aber insgesamt wenig beweiskräftig, zumal – im Unterschied zu den Ausführungen über Neurotizismus und Extraversion – die mögliche physiologische Basis dieser Dimension nur sehr vage angedeutet wird. Wie auch in früheren Werken Eysencks (und damit auch schon häufig grundsätzlich kritisch diskutiert) werden auch hier Umwelteinflüsse völlig ausgeklammert. Es werden z. B. höhere Ausprägungsgrade des Psychotizismus bei Männern ausschließlich auf biologische Faktoren zurückgeführt, ohne jeglichen Hinweis auf den Einfluß unterschiedlicher sozialer Rollen u. ä. Es wird dann die Konstruktion eines vierdimensionalen Fragebogens für Erwachsene und für Kinder dargestellt. Die Dimensionen der Extraversion und des Neurotizismus entsprechen dabei weitgehend den Skalen des EPI, die Psychotizismusskala enthält Items, die antisoziales Verhalten, Gefühlsarmut und Rigidität beinhalten. Sie ist – wie unsere Nachuntersuchungen an Normal- und Klinischen Gruppen ebenfalls zeigen – inhomogen, geschlechts- und altersabhängig und nicht zur Psychosediagnostik geeignet, worauf die Autoren ebenfalls hinweisen. Die sogenannte „Lügenskala" ist nach Angabe der Autoren ebenfalls nicht als reine Kontrollskala anzusehen, sondern soll eher Persönlichkeitsdimensionen darstellen. Hier seien aber weitere Untersuchungen erforderlich. Klinische, experimentelle und Korrelationsstudien, die Aufschlüsse über die Natur der Psychotizismusdimension geben sollen, stehen am Schluß. Das vorliegende Werk bringt somit eine Reihe sehr interessanter und fruchtbarer Hypothesen über psychopathologisch relevante Persönlichkeitszüge, die aber u. E. unbedingt weiterer Verifizierung bedürfen. Ob es glücklich ist, bei der hier untersuchten Persönlichkeitsdimension im Normalbereich den gewiß nicht wertfreien Begriff des „Psychotizismus" zu gebrauchen und somit eine – bisher noch nicht genügend bewiesene – Beziehung zu psychotischen Erkrankungen herzustellen, erscheint uns ebenso zweifelhaft wie die Annahme einer weitgehend genetischen Bedingtheit dieses Persönlichkeitszuges. Weitere Validitätsstudien werden sicher auch dazu beitragen, den Inhalt dieser zweifellos bedeutsamen Persönlichkeitsdimension klarer zu fassen und dann eine Grundlage auch für eine präzisere begriffliche Fassung bilden.

E. Kasielke (Berlin)

Ritter v. Baeyer, W., Binder, H., Elsässer, G., u. a.: *Psychiatrie in Selbstdarstellungen.* Hrsg. Pongratz L. J. 514 S. mit 16 Abb. Bern-Stuttgard-Wien: Verlag Hans Huber 1977. Kunstleder 62,– DM.

Psychiatrie ist die klinisch-medizinische Disziplin mit den vielseitigsten inner- und außermedizinischen Bezügen und einer eigentümlichen Fragwürdigkeit, die sich aus ihren Gegenstand herleitet. Oft von verschiedensten philosophischen und anderen Einflüssen gestoßen, ist Psychiatrie noch immer das Ziel und der Inhalt widersprüchlicher Bewertungen bis hin zur antipsychiatrischen Forderung.

Es entspricht dem guten, jedenfalls im Sinne des Bewahrens wertvoller Medizingeschichte nützlichen Instinkt des Herausgebers, 15 namhafte Psychiater der Gegenwart und jüngeren Vergangenheit zu Wort kommen zu lassen. Sie stellen dar und rechtfertigen damit den Weg und die Existenz eines schönen, notwendigen und wohl immer ein wenig von anderen abstehenden medizinischen Faches, das, wie der Rezensent weiß, eine besondere und vor allem humanistische Anziehungskraft besitzt. Ein Buch, in dem man keine neuen Fakten erfährt, das jedoch Hintergründe ahnen und verstehen läßt und jedem etwas geben sollte, der mehr als Fakten aus der Psychiatrie entnehmen möchte.

K. Seidel (Berlin)

Lindgren, H. C., und Fisk, L. W.: *Psychology of personal development.* 3. Aufl. XVIII, 420 S. mit 42 Abb. und 14 Tab., 23,5×18,5. cm. New York: John Wiley & Sons, Inc. 1976. Broschiert $ 11,50.

Das als Einführung in Grundkurse der Persönlichkeit und ihrer Entwicklung konzipierte Buch gliedert sich in die Hauptteile „Struktur und Stress in der Persönlichkeitsentwicklung", „Fehlverhaltensmuster und ihre Beseitigung", „Soziale Kräfte in der Persönlichkeitsentwicklung" sowie „Unabhängigkeit und die Anforderungen der Reife".

Welche Determinanten hat die Persönlichkeitsentwicklung nach Auffassung der Autoren? Im Vordergrund werden soziale Determinanten gesehen – kulturelle und subkulturelle Bedingungen, Sozialrollen in der Familie, die Arbeitstätigkeit, Geschlechtsrollen usw., daneben werden situative Momente – physikalische Umgebung und Umwelt – sowie physiologische Faktoren genannt. Zwei Kapitel beschäftigen sich allein mit den sozialen Kräften, die das Verhalten formen – Gruppenprozesse und die Bildung sozialer Einstellungen. Die Klassenabhängigkeit des Verhaltens wird hierbei als wesentlich wirksamer hervorgehoben als z. B. rassische oder ethnische Einflüsse. Entschieden treten die Verfasser damit der Auffassung von A. R. Jensen über die hereditäre Intelligenzabhängigkeit entgegen, die offenbar auch von vielen amerikanischen Wissenschaftlern abgelehnt wird. Aus der Tatsache, daß die bürgerliche „Mittelklasse“ in den USA bestimmend für die meisten Einstellungen und Bewertungen des Durchschnittsbürgers ist, ergeben sich in dieser Gesellschaft psychologische Probleme wie Heiratsschwierigkeiten, Schulschwierigkeiten („die Schule ist eine Mittel-Klassen-Institution“), Mobilitätsprobleme usw.

In den letzten Kapiteln, die sich mit Reifungsproblemen beschäftigen, werden als besondere Fragen die Überwindung der Minderwertigkeitsgefühle, der Schüchternheit, die Gewinnung einer Balance zwischen erstrebter Unabhängigkeit und notwendiger sozialer Abhängigkeit, Berufswahl und beruflicher Befriedigung (allerdings unter Auslassung der psychischen Folgen der Arbeitslosigkeit!) sowie die Bedingungen der Paarbildung und Probleme der Eheführung behandelt.

Positiv an diesem Lehrbuch erscheint die natürliche Verbindung der Darstellung der normalen Persönlichkeitsentwicklung mit den möglichen Varianten bis hin zu pathologischen Erscheinungen. Das Buch ist hervorragend übersichtlich gestaltet, enthält nach jedem Kapitel instruktive Zusammenfassungen, Diskussionsfragen und am Ende ein Glossar der Fachbegriffe, an das sich ein 17seitiges Literaturverzeichnis anschließt. Krasse Einseitigkeiten zeigen sich allerdings darin, daß es nur angloamerikanische Autoren enthält. Dementsprechend werden methodologische und philosophische Grundlagen sowie marxistische Theorien überhaupt nicht diskutiert. Im Hinblick auf den gesellschaftlichen Hintergrund ist eine positivistische Auffassung kennzeichnend, wobei die Verfasser aber immerhin das Primat sozialer Determinanten und Probleme für die Persönlichkeitsentwicklung erkennen.

E. Kurth (Rostock)

Iwert, H.: *Ablauftraining bei Sprechneurosen nach* Helene Fernau-Horn. 1 Übungsheft (40 Seiten mit 17 Zeichnungen), 1 Tonkassette, 2 vierfarb. Poster (60×80 cm), zusammen in einer Papprolle. Stuttgart: Hippokrates Verlag GMBH. Broschiert 64,– DM.

Basierend auf eine 20jährige therapeutische Erfahrung mit stotternden Kindern, Jugendlichen und Erwachsenen erarbeitete der Autor ein Ruhe- und Ablauftraining, das sich sowohl hinsichtlich des theoretischen Ansatzes als auch bezüglich der praktischen Durchführung an das von Fernau-Horn entwickelte Vorgehen anlehnt. Ihre wissenschaftstheoretische Basis wird einführend kurz aber übersichtlich und verständlich dargestellt.

Iwert beschreibt die Pathogenese des Stotterns in Analogie zu dem von Fernau-Horn vorgeschlagenen Modell: Hemmungskette, Hemmungszirkel, Hemmungsspirale.

Die angebotene Therapieform für normalintelligente Kinder im Alter von 8 bis 13 Jahren ist so detailliert ausgearbeitet, daß sie dem Praktiker echte Anleitung für die eigene therapeutische Arbeit mit dem Programm sein kann. Bis auf die Bestimmung der Altersgruppe enthält das Übungsheft jedoch keine detaillierten Hinweise für die Indikation dieses Verfahrens bei spezifischen Störungsgruppen und Schweregraden.

Das Training verspricht nicht zuletzt dank treffender verbaler Formulierungen (der Alterspopulation angepaßte Darstellung der Formeln) und technischer Möglichkeiten eine erfolgreiche Anwendung. Zwei sehr eindrucksvolle Poster als visuelles therapeutisches Hilfsmittel und eine Tonkassette mit dem gesamten Text des Ablauf- und Ruhettrainings gehören zum Programm. Die Sprechformeln sind bei Iwert gegenüber Fernau-Horn vereinfacht aber dennoch äußerst wirkungsvoll.

Der Autor versteht seine therapeutische Übungsbehandlung als Bestandteil eines umfangreichen Therapieprogramms einschließlich einer notwendigen klinisch-psychologischen Betreuung der Patienten. Es erwies sich als günstig, wenn das Ablauftraining die Therapie einleitete.

Das praxisorientierte Ablauftraining der Sprechneurosenbehandlung von Iwert zeigt einen Weg zur autodidaktischen Aneignung dieser Therapieform für den mit dieser Störungsgruppe vertrauten Fachkollegen.

B. Stefanides und M. Düwert (Berlin)

INNERHOFER, P.: *Das Münchner Trainingsmodell. Beobachtung, Interaktionsanalyse, Verhaltensänderung.* VIII, 235 Seiten mit 5 Abb. und 6 Tab., 10 Seiten Fragebögen. Berlin-Heidelberg-New York: Springer-Verlag, 1977. Geheftet 38,– DM.

Der Autor, Mitarbeiter am Max-Planck-Institut für Psychiatrie – Sozialpsychologie in München, ist bereits durch eine Vielzahl von Veröffentlichungen zur Verhaltenstherapie und speziell zu dem Problemgebiet der Vermittlung therapeutischer Methoden an Eltern und Erzieher bekannt.

Mit dem Münchner Trainingsmodell (MTM) legt er ein überaus anspruchsvolles Programm einer gezielten Elternschulung vor, das sich nicht allein an verhaltenstherapeutischen Kenntnissen orientiert, sondern bewußt heilpädagogische und sozialpsychologische Aspekte einbezieht. Es handelt sich hierbei um ein Viertagesprogramm (Kompakttraining) für Eltern und Erzieher, die sich über eine Vielzahl von Übungen und Rollenspielen erzieherische Erfahrungen und Fertigkeiten aneignen sollen. Der Autor versteht das von ihm erarbeitete und vorgestellte Modell, das auf einer Erziehungskonzeption mit gesicherten empirischen Ergebnissen beruht, als eine allgemeine Methode, Eltern und Erziehern im Spielen, Beobachten und Analysieren von Erziehungsproblemen spezifische Verhaltensweisen zu vermitteln, die ihnen eine Hilfe bei der Beseitigung kindlicher Verhaltensauffälligkeiten sein können. Das Buch gliedert sich in drei große Abschnitte: 1. Teil: Das Training, 2. Teil: Vorbereitung des Trainings und Nachbetreuung, 3. Teil: Verhaltensbeobachtung und Interaktionsanalyse.

Das Programm stellt sich für jeden Tag ein spezifisches Lernziel: 1. Lernen, das Kind in der Auseinandersetzung mit seiner Umwelt zu sehen, 2. Lernen, das Verhalten des Kindes in Abhängigkeit von seiner Umwelt zu verstehen, 3. Lernen, das Kind durch Setzen von Konsequenzen zu lenken, 4. Erlernen von Hilfestellungen und Umstrukturierung der erzieherischen Situation.

Am ersten Tag werden die Hauptmomente eines von einem Teilnehmer geschilderten Problemereignisses von den Eltern im Rollenspiel nachvollzogen.

Im Mittelpunkt des zweiten Tages stehen ein Belohnungs-Bestrafungs-Spiel und ein Hilfsspiel, in denen die entsprechenden verhaltenstherapeutischen Prinzipien veranschaulicht werden. Beide Spielformen stellen eine gelungene Form dar, Eltern die Wirkung von Belohnung, Bestrafung und Hilfe in einer Experimentalsituation zu verdeutlichen.

Am dritten Tag soll mit Lösungsübungen und einem Redespiel das Lernziel erreicht werden. Lösungen werden ‚erspielt', indem verschiedene Alternativen auf ihre Brauchbarkeit überprüft werden. Außerdem werden Erkenntnisse aus den experimentellen Spielen auf Problemereignisse angewandt, um Bedingungszusammenhänge zwischen Umwelt und dem Verhalten des Kindes zu erkennen. Hinzu kommt das Einlernen neuer Verhaltensmuster.

Der vierte Tag hat unter anderem die Zielstellung, das Geben von Hilfestellung, das Ausblenden von Hilfe und die zweckmäßige Gestaltung der Situation zu erlernen. Die Lösung wird wiederum im Spiel gesucht.

Im Abschnitt II werden die Vorbereitung des Trainings und die notwendige Nachbetreuung der Trainingsteilnehmer beschrieben. Hier werden Hinweise für die Zusammenstellung der Gruppe gegeben, die aus einem Trainer, einem Co-Trainer und 4 bis 6 Eltern bestehen soll.

Das verwendete Beobachtungssystem, dem eine entscheidende Rolle bei der Realisierung des Trainings zukommt, wird im 3. Teil vorgestellt. Beobachtungen von Interaktionen werden nicht nur eingesetzt, um Informationen zu sammeln, sondern auch um Verhalten zu ändern. Das gegenwärtige Beobachtungssystem wird als Entwicklungsschritt auf dem Weg zu einer befriedigenden Lösung betrachtet. Der Anhang enthält die wichtigsten Arbeitsunterlagen des Programms wie Fragebögen und Interviewleitfäden. – INNERHOFER stellt mit dem Münchner Trainingsmodell einen Ansatz für die Elternarbeit dar, der sich durch eine betont kritische Reflexion und einen engen Praxisbezug auszeichnet. Mit Interesse darf man die weiteren geplanten Veröffentlichungen erwarten, in denen unter anderem das dem Programm zugrunde liegende theoretische Konzept sowie das Kernstück des MTM – die Interaktionsanalyse – weiter ausgeführt werden sowie ethische Gesichtspunkte der Anwendung verhaltenstherapeutischer Prinzipien diskutiert werden sollen.

B. STEFANIDES (Berlin)

ROGERS, C. R.: *Therapeut und Klient. Grundlagen der Gesprächspsychotherapie.* (Übersetzung aus dem Amerikanischen) Hrsg. Pfeiffer, W. M. 200 S. mit 3 Abb. München: Kindler-Verlag GmbH 1976. Kindler Studienausgabe. Kartoniert 29,80 DM.

Das Buch ist eine Zusammenfassung bereits früher verstreut publizierter Arbeiten von C. R. ROGERS, die dieser teilweise mit seinen Mitarbeitern verfaßt hat. ROGERS ist als Begründer der Gesprächspsychotherapie bekannt, seine theoretische Konzeption und sein methodischer Ansatz haben zahlreiche Forschungsinitiativen stimuliert aber auch viele kritische Stellungnahmen herausgefordert. Bekanntlich hat der gesprächspsychotherapeutische Ansatz auch in der DDR und anderen sozialistischen Ländern zu konstruktiven Entwicklungen im interdisziplinären Gebiet der Psychotherapie geführt. In den 6 Kapiteln, die in der für Rogers typischen fast populärwissenschaftlichen Sprache abgefaßt sind, verdeutlicht sich eine Akzentverschiebung einiger Positionen.

Das 1. Kapitel enthält eine 1975 veröffentlichte Arbeit „Klientenzentrierte Psychotherapie", in der in knapper Form Geschichte, wesentlichste Merkmale des gesprächstherapeutischen Ansatzes und des therapeutischen Prozesses erläutert werden.

Vom hohen Informationswert sind die Kapitel 2 und 4, da in ihnen reichliches Therapieprotokollmaterial mit entsprechenden Komentaren enthalten sind. Die beiden Therapien des 2. Kapitels (Therapeuten: LEWIS und SHLIEN, 1959) und die Darstellung des inzwischen bekannten Fallberichts „Gloria" (Therapeut: ROGERS, Film 1959, Bericht 1974) erlauben einen ausgezeichneten Einblick in die gesprächspsychotherapeutische Kommunikation und illustrieren zugleich, wie sehr man die Gesprächspsychotherapie falsch verstehen würde, wenn man in ihr eine Art Gefühlsreflektierungs-Technik sähe.

Der hypothetische Charakter der theoretischen Positionen, die sich mehr oder weniger direkt in den Kommentaren zu den Therapieprotokollen niederschlagen, bleibt aber davon unberührt. Das 3. Kapitel, das ROGERS gemeinsam mit J. K. WOOD verfaßte und 1974 publizierte, ergänzt unter dem Titel „Klientenzentrierte Theorie" im Wesentlichen die im 1. Kapitel dargestellten theoretischen Ausführungen, bringt Abgrenzungsgesichtspunkte gegenüber anderen therapeutischen Auffassungen sowie Erläuterungen zu der Theorie des Selbstkonzepts und seiner Veränderungsaspekte (Prozeßskala). Hier bekennt sich ROGERS — gegenüber seinem Mitarbeiter — eindeutig zum Primat der Selbstkongruenz in der Rangfolge der therapeutischen Einstellungen, da Kongruenz die Grundlage und entscheidende Bedingungen für die Realisierung der anderen bekannten therapeutischen Beziehungsaspekte darstelle. Eine genauere Begründung dafür wird im 5. und 6. Kapitel gegeben.

Ein Vortrag über 1. Ergebnisse gesprächspsychotherapeutischer Forschungen mit Schizophrenen (1962) bildet den Inhalt des 5. Kapitels. Die hier mitgeteilten vorläufigen Befunde veranschaulichen methodische Versuchsplanung und einige spezielle Schwierigkeiten der Durchführung wie z. B. das Problem der unmotivierten Patienten.

Das letzte 6. Kapitel, ein Vortrag aus dem Jahr 1962 mit dem Titel „Die zwischenmenschliche Beziehung: Das tragende Element der Therapie" charakterisiert noch einmal ausführlich die gesprächspsychotherapeutischen Grundmerkmale, offenbar in dem Bemühen immer wieder vorgefundene Mißverständnisse, besonders in Fragen der Ausbildung, auszuräumen.

Insgesamt gesehen vermittelt diese Sammlung einen guten Einblick in die theoretischen Annahmen und methodischen Seiten der klientenzentrierten Gesprächspsychotherapie. Dabei dominieren die nun schon als orthodox zu bezeichnenden Standpunkte von ROGERS als Initiator dieses Ansatzes. Zahlreiche Forschungsarbeiten zur Gesprächspsychotherapie haben inzwischen bekanntlich manche der spekulativen Elemente aus der Gesprächspsychotherapie eliminieren, theoretische Vagheiten durch wissenschaftlich angemessene Präzisierungen ersetzen und überspitzte Aussagen relativieren können. Demjenigen, der sich dessen bewußt ist, wird das Buch sogar mehr geben können, als dem, der es gleichsam „blind" liest.

J. HELM (Berlin)

Hollander, E. P., und Hunt, R. G. (Hrsg.): *Current perspectives in social psychology. Readings with commentary.* 4. Aufl. XIII 590 S. mit mehreren Abb. Tab. 15×23 cm. New York-London-Toronto: Oxford University Press 1976. Broschiert 4,75£.

Das Buch enthält 53 in 7 Kapitel gegliederte Beiträge, die alle bereits an anderer Stelle erschienen sind und z. T. aus Monografien stammen. Um dem ersten Adjektiv im Titel des Buches Rechnung zu tragen, wird der Inhalt der einzelnen Auflagen jeweils mehr oder weniger verändert, wie die Herausgeber versichern. Die 7 Kapitel tragen folgende Überschriften: 1. Grundorientierungen, 2. Soziales Lernen und Normenverhalten, 3. Sprache und Kommunikation, 4. Soziale Interaktion, Persönlichkeit und Rolle, 5. Einstellungen, Werte und interpersonelle Wahrnehmung, 6. Gruppenprozesse und Intergruppenbeziehungen, 7. Leitung und Organisationsprozesse. Jedes Kapitel enthält eine Einführung der Herausgeber.

Im Unterschied zu anderen vergleichbaren Zusammenstellungen sozialpsychologischer Literatur ist das vorliegende Buch nicht vorrangig an der experimentellen Sozialpsychologie orientiert. Einzeluntersuchungen sind überhaupt nicht abgedruckt, wohl aber Überblicksreferate zu experimentell untersuchten sozialpsychologischen Fragestellungen. Die Herausgeber stellten sich, wie sie im Vorwort mitteilen, das Ziel, eine Übersicht über verschiedene empirisch untersuchte Probleme der Sozialpsychologie zu geben und dabei besonders gesellschaftlich relevante Fragestellungen zu berücksichtigen. Daß dabei auch verschiedene Vertreter von an die Sozialpsychologie „angrenzenden" Disziplinen zu Worte kommen, ist sicher kein Nachteil. Es handelt sich dabei vor allem um Soziologen, Linguisten und einen Persönlichkeitspsychologen.

Das wissenschaftliche Niveau der einzelnen Beiträge ist sehr unterschiedlich. Die Orientierung an sozialen Problemen bei der Auswahl der Beiträge scheint mit dem wissenschaftlichen Niveau derselben nur in einem zufälligen Zusammenhang zu stehen.

Insgesamt gesehen sind wohl alle Forschungsrichtungen der Sozialpsychologie mehr oder weniger umfangreich berücksichtigt worden. Die Gruppendynamik scheint dabei etwas unter- und die Organisationssoziologie überrepräsentiert zu sein, gemessen an der Anzahl der einschlägigen Beiträge. Abschließend seien die zahlreichen weiterführenden Literaturhinweise in den Einführungen zu den einzelnen Kapiteln erwähnt.

L. Lange (Berlin)

Ritvo, E. R., Freeman, B. J., Ornitz, E. M., und Tanguay, P. E.: *Autism. Diagnosis, current research and management.* XVI, 302 S. mit Abb. und Tab. New York: John Wiley & Sons 1976. Spectrum Publications. Gebunden $ 21,90.

In den letzten Jahren ist ein stetes Anwachsen der „Autismus-Literatur" im Kindesalter zu verzeichnen. Unter der Herausgeberschaft von E. R. Ritvo liegt nun eine weitere Veröffentlichung zu dieser Thematik vor, die das Ergebnis mehrjähriger Team-Arbeit darstellt und als Band 2 der Serie „Child behaviour and development" erschienen ist. Es handelt sich um eine umfangreiche Zusammenstellung all derjenigen Fakten, die mit Diagnosestellung, Ätiologie, Therapie und der Abgrenzung zu anderen Erkrankungen im Kindesalter, wie der Schizophrenie und der frühkindlichen Hirnschädigung zusammenhängen. Das Buch ist in 20 Kapitel unterteilt.

Den Autoren der einzelnen Kapitel kommt es nicht auf die Beschreibung von Krankheitsbildern an, die letztlich zur Diagnose „Autismus" führen, sondern sie sehen ihr Anliegen in der Analyse des Autismus unter Einbeziehung von unterschiedlich angelegten Eigen- und Fremduntersuchungen. Sehr differenziert werden dabei klinische Untersuchungsskalen in Relation zum Lebensalter des Kindes vorgestellt, die u. a. Feinmotorik, Geschicklichkeit, Zeichnen, Schreiben, Farberkennen, Körperschema, Spielfähigkeit, Objekterkennen, Hörfähigkeit, Sprache, Sozialisationsfähigkeit, beinhalten. Einen breiten Raum nehmen neurophysiologische, neurobiochemische (vor allem der Serotonin-Stoffwechsel) und genetische Befunde ein, die an Gruppen von Kindern mit Autismus und parallelisierten Kontrollgruppen erhoben wurden. Auf die wichtigen Beziehungen zwischen Sprache und Autismus unter kognitiven Aspekten wird ebenso eingegangen, wie auf die Bedeutung organischer Hirnstörungen als Risikofaktoren einer sich entwickelnden Schizophrenie im Kindesalter, wenngleich diese Verbindungen streckenweise mechanistisch dargestellt werden und dei Definition dessen, was unter Schizophrenie verstanden werden soll, trotz Längsschnittuntersuchungen bei diesen Kindern bis zum Erwachsenenalter, unklar bleibt, außer der Tatsache, daß der frühkindliche Autismus als ein disponierender Faktor für die Schizophrenie anzusehen ist.

Die letzten Kapitel beschäftigen sich mit der interdisziplinär gestalteten Team-Führung autistischer Kinder in der Schule, unter Zugrundelegung eines Basisprogramms zum Training und Erlernen der eingeschränkten oder nicht ausgebildeten Funktionen.

Insgesamt vermittelt das Buch und die enthaltenen Literaturstellen einen sehr interessanten Einblick in die Autismusproblematik aus anglo-amerikanischer Sicht.

K.-J. Neumärker (Berlin)

Blaser, A.: *Der Urteilsprozeß bei der Indikationsstellung zur Psychotherapie.* 238 S. mit 5 Abb. und 20 Tab. Bern-Stuttgart-Wien: Verlag Hans Huber 1977. Flexibler Einband sfrs. 24,–.

Indikationsforschungen sind bis heute im allgemeinen so angelegt, daß Indikatormengen mit Behandlungseffekten verglichen werden – mit dem Ziel, valide Prediktoren für bestimmte Therapieformen zu eliminieren. Trotz vielfältiger Bemühungen haben diese Ansätze bis heute zu keinen eindeutigen, wissenschaftlich befriedigend gesicherten Indikationsaussagen für die unterschiedlichen psychotherapeutischen Methoden geführt. In der klinischen Alltagsarbeit beziehen sich – so Blaser – deshalb Psychotherapeuten auf den „klinischen Eindruck" bei der Entscheidung betreffs Psychotherapie-Indikation. Diesen „klinischen Eindruck" will der Autor – und dabei stützt er sich auf zahlreiche Literaturbelege – als sozialpsychologisch definierbare Personenwahrnehmung in einer speziellen klinischen Situation verstanden wissen und als kognitiven Prozeß (also nicht als Endprodukt) transparent machen. Es geht also schlicht um die Fragen: Wie entsteht der „klinische Eindruck"? Welche Informationsmengen und -inhalte bezogen auf Persönlichkeitseigenschaften der Patienten (also ohne Berücksichtigung des Krankheitsbildes und seiner Genese!) werden bei der (differentiellen) Indikationsstellung wie verwertet? Und: Wie gut ist dieser klinische Eindruck, wo liegen Fehlerquellen? Aus der Beantwortung dieser Fragestellungen verspricht sich der Autor u. a. Hinweise auf die Ursachen und ggf. die Verbesserung der bekanntlich erschreckend geringen Zuverlässigkeit und Validität psychiatrischer Diagnosen.

An Hand von empirischen Untersuchungen wird belegt, daß der sogenannte Erste Eindruck des Klinikers relativ schnell („Wartezimmer-Diagnose", maximal 5 Minuten) und unter Ausnutzung von überraschend wenigen Informationseinheiten (maximal 10 Merkmale) gebildet wird. Bei den Klinikern besteht im allgemeinen wenig Affinität zu späteren Korrekturen – jedoch ist nur jede dritte Indikationsdiagnose bei Wiederholung nach einem halben Jahr identisch. Im Wahrnehmungs- und Urteilsprozeß gibt es bezogen auf die klinisch-diagnostische Situation vom individuellen Patienten unabhängige, vor allem von den theoretischen Erwartungen und den spezifischen Motivationen des Diagnostikers bestimmte Konstanten („Man diagnostiziert, was man zu behandeln wünscht."). Auch für den Prozeß der differentiellen Indikationsstellung ließen sich aus dem Sektor der Persönlichkeitseigenschaften der Patienten nur wenige effiziente Anhaltspunkte finden, die eine Zuordnung zu psychoanalytischen Behandlungsformen, Gesprächs- oder Verhaltenstherapie, medikamentöser Behandlung oder den Verzicht auf Therapie begründeten.

Insgesamt ergibt sich auch aus diesen Untersuchungen über die Informationsverarbeitung im diagnostischen Prozeß die Schlußfolgerung, daß Indikationsprobleme offenbar nicht durch eine Intensivierung der psychiatrischen Persönlichkeitsdiagnostik zu lösen sind. Die Zukunft der Indikationsforschung dürfte vor allem aus dem Wissen um die (empirisch zu sichernden) Veränderungskonzepte der einzelnen Psychotherapiemethoden bestimmt werden.

INGE FROHBURG (Berlin)

KEUPP, H. (Hrsg.): *Abweichung und Alltagsroutine.* 239 S., Hamburg: Hoffmann und Campe 1976. Kritische Wissenschaft. Paperback.

H. KEUPP, gleichermaßen renommiert als Verhaltenstherapeut und Methodiker, geht in der vorliegenden Monographie der Frage nach, in welchem Maße der Labeling-Perspektive der Anspruch zukommt, als neues interpretatives Paradigma der Devianzforschung zu gelten. Der Labeling-Ansatz geht davon aus, daß es weniger wie auch immer bedingte Verhaltensauffälligkeiten „an sich“ sind, als vielmehr sekundär einsetzende stigmatisierende Praktiken sozialer Kontrolle, die den Abweichler in seiner devianten Rolle als psychisch Kranker oder Delinquent festschreiben. Soziale, insbesondere institutionelle Kontrolle erscheint somit als ein wesentlicher perpetuierender, z. T. auch auslösender Faktor abweichenden Verhaltens. Die Mechanismen des Stigmatisierungsprozesses sind im Fokus des Labeling-Ansatzes. Labeling wäre somit zu definieren als durch Etikettierungen und Attributionen unterstellte Identität gegenüber einer Person, wobei diese Identitätszumutung schließlich aufgrund konkreter Erfahrungen, z. B. als Anstaltspatient, angenommen wird. Es ist unbestritten das Verdienst der Labeling-Perspektive, nicht nur Bewegung in die Devianzforschung selbst gebracht zu haben, sondern auch bei den institutionellen Reformen seit den 60er Jahren im Fürsorgewesen, im Strafvollzug und in der Psychiatrie Pate gestanden zu haben. Seine besondere Lebensfähigkeit verdankt dieser interaktionistische Ansatz abweichenden Verhaltens sicher auch der Trägerschaft durch die ganze Berufsgruppe des Sozialarbeiters.

KEUPP arbeitet in seinem Mängelprofil des theoretischen und empirischen Ansatzes der Labeling-Perspektive jedoch deutlich heraus, daß die sozialstrukturellen Bedingungen primärer Abweichungen, die strukturellen Ursachen sozialer Kontrollreaktionen auf primär abweichendes Verhalten hin und die konkret gesellschaftlichen Hintergrundsbedingungen vergleichsweise zu wenig gewichtet sind. Die Folge ist phänomenalistisches Verharren bei der Dokumentation einer Mikrosoziologie der Beziehung abweichendes Individuum – soziale Institution, wobei die inhaltliche Definition dieser Beziehung, die schließlich zum Aushandeln der abweichenden Identität führt, idealistisch als Definitionsprodukt erscheint. Der abschließenden Einschätzung des Autors vom heuristischen Wert des Labeling-Konzepts als einer sensibilisierenden Übergangskonzeption kann rückhaltslos gefolgt werden. Es bleibt jedoch die Frage zu stellen, ob es ein allgemein zu akzeptierendes Paradigma zur Erfassung der gesellschaftlichen Konstruktion von Devianz überhaupt geben kann. Vielleicht ist es erst dann möglich eine umfassende Theorie abweichenden Verhaltens zu erstellen, wenn es gelungen ist, die vorläufig noch relativ isoliert nebeneinander stehenden sozialen, psychischen und biologischen Ebenen in der Betrachtung dieses Phänomens methodisch befriedigend zu verknüpfen.

U. TRENCKMANN (Berlin)

Hinweise für Autoren

Aus redaktionellen Gründen ist es erforderlich, die Manuskripte in einem sauberen, druckreifen Zustand zu liefern (Originalschreibmaschinenmanuskripte auf A4-Seiten, $1^1/_2$zeilig, einseitig beschrieben.

Größere handschriftliche Korrekturen sind nicht zulässig. Am linken wie am unteren Rand sind 5 cm freizuhalten. Autorennamen sind in Großbuchstaben zu schreiben.
Die Beiträge sollen prägnant, übersichtlich und verständlich sein und in der Regel 20 Schreibmaschinenseiten nicht überschreiten.
Das Manuskript ist zweifach einzureichen.
Petit und Absätze werden ebenfalls $1^1/_2$zeilig geschrieben und am Rand durch einen entsprechenden Vermerk gekennzeichnet.

Hervorhebungen im Text:
gesperrt gedruckt = unterstreichen (— — —)
kursiv gedruckt = gewellte Linie
Am Rand bitte vermerken, welche Form gewünscht wird.

Gliederung

1. Name bzw. Bezeichnung der Abteilung, der Klinik sowie der Universität, Akademie, Poliklinik usw., aus der die Arbeit kommt.
2. Titel der Arbeit.
3. Name des Autors bzw. der Autoren. Der Vorname wird bei männlichen Autoren abgekürzt und bei weiblichen ausgeschrieben. Um die Möglichkeit einer Verwechslung des Namens zu vermeiden, ist es von Fall zu Fall erforderlich, auch bei männlichen Autoren den Vornamen auszuschreiben.
4. Die Anzahl der Abbildungen ist zu nennen.
5. Dem Manuskript schließt sich das Literaturverzeichnis, das auf ein gesondertes Blatt zu schreiben ist, an. Die Autorennamen sind alphabetisch zu ordnen. Bei Nennung des Autors im Text ist die Jahreszahl der Veröffentlichung unmittelbar nach dem Autorennamen anzuführen (NEUMANN, 1979). Bei mehreren Veröffentlichungen eines Autors im selben Jahr wird hinter die Jahreszahl in kleinen Buchstaben a, b, c usw. gesetzt.
   Bei Veröffentlichungen mit mehr als zwei Autorennamen wird im Text nur der Erstverfasser und Mitarb. zitiert.
   a) bei Zeitschriften:
   Bei Zitaten sind die Anfangsbuchstaben des Vornamens stets nachzustellen. Bei Zitaten aus Sprachen mit kyrillischer Schrift ist die bibliothekarische Transkription zu verwenden. Der Titel einer zitierten Arbeit (oder eines Buches) ist vollständig zu nennen.
   Bei Zeitschriftenzitaten folgende Reihenfolge beachten: Bandzahl, Jahreszahl in Klammern, Seitenzahl von – bis (z. B. LEHMANN, P.: Untersuchungen zur Struktur der Wahrnehmung. Z. Psychol. 186 (1978) 12–30.)
   b) bei Büchern:
   Vollständiger Buchtitel, Auflage, Verlagsort, Verlag, Jahr des Erscheinens.
   (z. B. WEBER, R: Grundlagen der biologischen Statistik. 2. Aufl. Jena: G. Fischer 1957. S. 150.)

6. Tabellen: Die Tabellen müssen klar und übersichtlich abgefaßt werden und sind auf einem besonderen Blatt der Arbeit beizufügen.
Die Legende zur Tabelle, die den wesentlichen Inhalt derselben wiedergeben soll, ist über die Tabelle zu setzen.
Weitere Erklärungen über in der Tabelle enthaltene Versuchsdaten, methodische Hinweise usw. sind unter die Tabelle zu schreiben. Dimensionen und Definitionen von Zahlenwerten müssen in den Kolumnen enthalten sein, so daß sie nicht hinter jeder Zahl in einer entsprechenden Zahlenreihe stehen. Die Tabellen sind fortlaufend römisch zu numerieren. Am Rande des Manuskriptes ist zu vermerken, an welcher Stelle im Text die Tabellen eingefügt werden sollen.
7. Abbildungen: Von den Abbildungen ist ein Satz reproduktionsreifer Originalvorlagen beizufügen. Die Abbildungen sind nicht im Text einzukleben, sondern der Arbeit separat beizulegen. Auf der Rückseite der Abbildungen sind die fortlaufende Numerierung und der Name des Autors zu vermerken. Abkürzungen sind einzuzeichnen.
Die Legenden zu den Abbildungen sind auf einem separaten Blatt der Arbeit beizufügen und arabisch zu numerieren. Die Legenden sollen sich auf den wesentlichen Inhalt der in den Abbildungen dargelegten Befunde erstrecken.
8. Zusammenfassung: Die Zusammenfassung wird dreifach (für Übersetzung ins Englische und Russische) benötigt und sollte 20 Zeilen betragen. Falls der Verfasser die Übersetzung nicht selbst vornehmen kann, übernimmt diese Arbeit die Redaktion.
9. Am Schluß des Manuskriptes ist die vollständige Anschrift des Verfassers zu nennen.

Hinweise für Rezensenten

(Maschinenschrift, zweizeilig; ohne Kopie; Rückseite bitte nicht beschreiben; Text maximal 2 Schreibmaschinenseiten)

ZEITSCHRIFT FÜR PSYCHOLOGIE
Verfasser-Name(n)
(Vorname nur Anfangsbuchstabe, jeweils nachgestellt)
Buchtitel
Herausgeber
Wievielte Auflage
Seitenzahl S. mit Abb. und Tab., Format (cm)
Verlagsort
Verlagsname
Schriftenreihe
Einband Preis

Besprechungstext

Verantwortlich
für die Redaktion: Prof. Dr. F. Klix, Sektion Psychologie, DDR – 1020 Berlin, Oranienburger Str. 18,
für den Anzeigenteil: DEWAG-Werbung Leipzig, DDR – 7050 Leipzig, Oststr. 105, Ruf 7 97 43 03
Verlag Johann Ambrosius Barth, 701 Leipzig, Salomonstr. 18 B; Ruf 29 52 45
Gesamtherstellung: IV/2/14 VEB Druckerei »Gottfried Wilhelm Leibniz«, 4450 Gräfenhainichen · 920
Printed in the German Democratic Republic
Veröffentlicht unter der Lizenz-Nr. 1394 des Presseamtes beim Vorsitzenden des Ministerrates der DDR
AN (EDV) 75015

JOHANN AMBROSIUS BARTH LEIPZIG

B 34 131

Kolibri 360 GmbH
Ferdinand-Jühlke-Straße 7
99095 Erfurt, Deutschland
produktsicherheit@kolibri360.de